人脈のできる人

人は誰のために「一肌ぬぐ」のか？

高田朝子
法政大学ビジネススクール

慶應義塾大学出版会

はじめに

人脈って何だろう？

本書は、人脈を持ちたいと思うがどうしてよいかわからない、または人脈という言葉は何とも胡散《うさん》臭《くさ》いが、一方で興味がある、というビジネスパーソンに向けて書かれている。しかし、どうしたら人脈を増やせるかという具体的なノウハウについては重点を置いていない。冒頭から恐縮だが、その種の即効性のあるノウハウを求めている読者諸氏は、ほかの本をあたったほうがよいかもしれない。基本的には「早い、簡単、うまい」で成立する人脈は存在しないだろうと考えている。ビジネスパーソンが読んですぐそのエッセンスを真似して「万人がお手軽に作ることができる人脈」に、さほど価値があるとは思えない。

本書では人脈の基本的な構造について考える。人脈ハウツー本が料理のレシピ本だとしたら、本書は料理の素材についての本だ。人脈がどのようにして作られていくのかを知ることによって、それを読んだ読者が、自分の置かれている状態や、自分自身の考え方に応じてカスタマイズし、自分なりの戦略を構築していけばよい、というのが基本姿勢である。読者は単なるレシピの実践者ではなく、シェフとしてオリジナリティのある料理を作り出すことが求められている。人脈の成り立ちを知ったうえで、自分なりの人脈の作り方をじっくりと考え、実践してもらいたいと思う。

人脈という言葉は一種のマジックワードだ。本来、人脈は「人と人とのつながりによってできるネットワーク」を意味するが、一般に「人脈のある人」と言うと、実力者にすぐにアクセスできる人、あちこち顔が広い人といった意味合いになる。そして、それは仕事がデキる人と同じ意味だと思われがちなのだ。しかし、人脈のある人イコール実力がある人とは必ずしも限らない。「顔が広いけど、それだけの人」「どこにでも顔を出して、話に首をつっこむ人」などと陰口をたたかれている人は、読者の周りに一人や二人はいるだろう。もっとも人脈がある人が実力者である確率はそうでない人より高いかもしれないが。また、単に飲みに行くことを「人脈作り」と豪語する人もいる。「私の人脈は飲みにいくことで形成された」と言い切る人もいるが、実際に相手がその人のことを人脈と思っているかは、また別の話だ。

人脈があるかないかについては、二方から評価される。他人の目と自分の目である。他人から見て「あの人は人脈がある」と評価される場合は、その人が誰かを知っていたことで恩恵を得たという結果がまずあって、そのあとに評価されるというステップを踏むのが筋だろう。そうした事実や実績を積み上げて「人脈がある人」と評価されている人もいるはずだ。しかし多くの場合、ただ「なんとなく、いろんな人を知っていそうな人」を「人脈がある人」と思い込むことや、一度恩恵を受けただけで、いつまでも「あの人は人脈がある」と崇め続けてしまう場合、そして「自分はいろんな人を知っている」とアピールする人を人脈があると評価することが多いのではないだろうか。

「オレは人脈がある」と自負する場合は、本人の持つ期待の話になる。どの程度の強さと、どの程度の広さのつながりのことを人脈と言うのかについて決まった定義はなく、個人の解釈による部分が多い。「あなたは私の人脈です」、という証明書が出るわけでもないので非常に曖昧だ。そしてこの曖昧さこそが、人脈を「なんだかよくわからない」ものにしている原因なのだ。

筆者が人脈について最初に興味を持つようになったのは、投資銀行に勤めていたときである。ただ単に人と会うのと、誰かの、それも有力者の紹介で会うのとでは、扱いに天と地ほどの差があった。その後、ビジネススクールの教員になって、学生（と言っても平均年齢二六から六五歳のビジネスパーソンたちである）とディスカッションをしていると、彼らは人脈を持つことの重要性を感じていながらも、どうしてよいかわからずにいること、そして、多くの人が自分の人脈について不満や不安を持っていることがわかった。そこで人脈本として出版されている多くの本を手当たり次第に読みあさったが、どれもあまりに具体的なハウツーが満載されすぎていて、それゆえにその本が対象としているスペックからはずれた人間には役に立たないように感じた。自分の経験からも、人脈作りの具体的な方法をたくさん調べてそれを模倣しようとするよりも、人脈の構造を知って自分に合った方法を作り上げたほうが、長い目で見て役に立つのではないかと思った。こう書くと、筆者が世間一般の常識からはずれているから合わないのだ、という至極《しごく》もっともな「つっこみ」が飛んできそうではあるが。

人とどのようにしてつながるのか、そしてそれをどのようにしてビジネスにつなげるのかと考える作業は、非常に興味深いものだった。多くの人々の協力を得てこの本を書き上げることができて幸せである。インタビューに応じてくださった企業の方々、医師の方々に心から感謝申し上げる。

よき人脈を作るために

人脈の構築は、有能なビジネスパーソンの主要な能力と考えられてきたが、その構造についてはあまり焦点を当てられてこなかった。人脈は財産である。しかし、この財産の作り方・殖《ふ》やし方は人それぞれであってよい。筆者は、人脈の「構造」をとらえることが、有用な人脈を作るための足がかりになるはずだと考えている。構造を知り、各自が置かれている環境や自身の性質などさまざまな条件を鑑《かんが》みて、自分に合った人脈作りの方法を考えていくことを勧めたい。

慶應義塾元塾長の小泉信三先生は「人生において万巻《ばんかん》の書を読むより、優れた人物に一人でも多く出会うほうがどれだけ勉強になるか」という言葉を残している。そして人と出会うこと、つながることがいかに重要であるかを繰り返し述べている。もう一度、言おう。人脈は財産である。人とともに過ごし、人の叡智《えいち》を借りたり、人に知恵を与えたりすることは、人生を豊かにする。

人脈の構造を知ることによって、人とどのようにつながるかという自分に合った戦略を立てることができる。自分が置かれている環境によって、人脈の構築方法は人それぞれだからだ。また、複雑化した社会で、すべてを自前でまかなうことなどできないのは、企業も同じである。多くの人との協働作業で新たなものが生まれ、そこから新しいビジネスが始まる。適切な時期に適切な人と知恵の交換ができることで、自身の、そして自社の可能性は大きく広がるのだ。

本書が、人脈を作りたいと考えている人の一助となれば幸いである。

目次

第1章

人脈とは何か？

魔法の杖を手に入れろ！

「人脈」という言葉は、ビジネスパーソンにとって非常に大きな魅力を持つらしい。本屋に行くと『使える人脈をつくる』『成功する人脈力』『ビジネスの鍵は強い人脈』などという刺激的なタイトルが書棚狭しと並んでいる。インターネットの画面を開けば、人脈作りのための異業種交流パーティーだの、名刺交換会だのというイベントの広告が派手に点滅する。ビジネス雑誌でも「人脈作りのためのノウハウ」特集は必ず販売部数を伸ばすという。

知識、人脈、度胸、愛嬌？

「人脈のある人」という表現は、褒《ほ》め言葉だ。特にビジネスパーソンにとって、人脈があることは「仕事がデキる」ことと同義であるかのように扱われる。研究室にこもりがちな筆者などは「人脈のある人」と聞いただけで、笑みを絶やさず、どこにでも現れ、物怖《ものお》じせずに何でも首を突っ込んでくるアグレッシブな（もっと言うとギラギラと脂《あぶら》ぎった）人が想い浮かび、何となく身構えてしまうが、一般にはそうではないらしい。

仕事柄お目にかかる企業の経営者や人事部の方に、自社で求める社員像、仕事のデキる社員像を聞くと、「男女の別を問わず、専門知識、人脈、度胸、愛嬌のある人」といった答えが返ってくる。こ

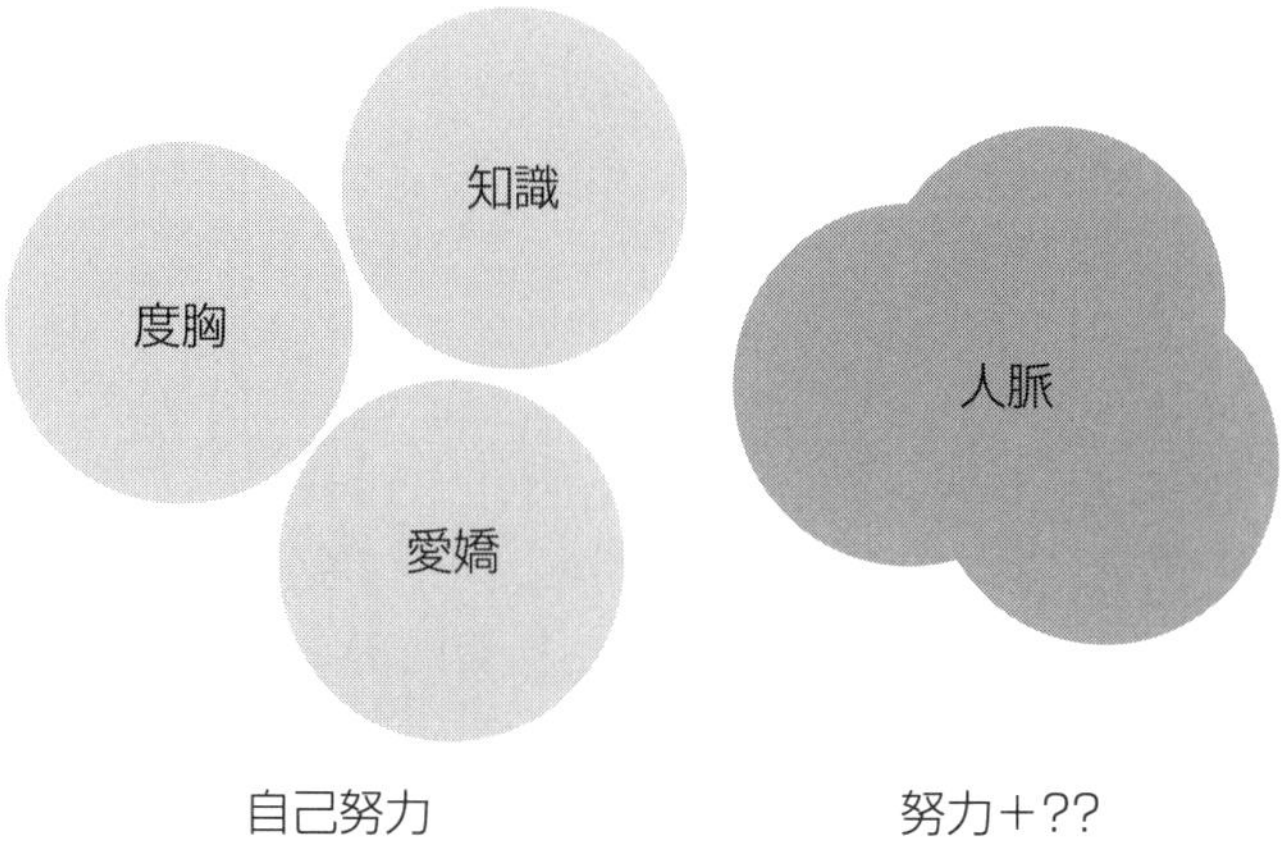

図１　仕事をうまく行うための資質

こでも、人脈があることは仕事をうまく行うための資質の一つとして評価されている。専門知識は勉強すれば得られるだろうし、度胸は訓練によって身につく。愛嬌は生来の性質によるのかもしれないが、自己プレゼンテーションの方法などを学べば、ある程度は作り出せる。これらの三つは、本人の努力によってある程度までは獲得できるものだ。ところが人脈は、自分で努力して手に入れる部分と、その環境に「たまたま」いたという偶然による部分とがある。自分の努力だけではどうしようもない何かを含んでいるために、よけいに魅力的なものと見えるらしい（図１）。

たとえば、仕事を通じてお互いに認め合い助け合う関係になった相手は、自分の手で努力して獲得した人脈と言えるだろう。また、たまたま近所に住んでいたとか、クラスメイトであったなど、偶然や自然の成り行きで出会い、仲よくなって人脈の一人となる場合もあるだろう。社会的に成功した両親のもとに生まれたために、自分が努力しなくても親から多くの人脈を受け継ぐという場合もある。

成功した起業家が創業時を振り返り、「あのときあの場所で、あの人との偶然の出会いがなかったら今の自分はない」などと語るのをしばしば見かける。誰かに出会うにも、自分の意志による場合と偶然による場合とがあるが、おそらくここで重要なのは、偶然の出会いを必然に変える力量を持っているかどうかということなのだろう。

シンデレラ・ストーリーは偶然に

仕事柄、成功した若い起業家たちについて、近しい立場にいた人の話を聞くことがある。そんなとき、その起業家はしばしば「爺様《じいさま》キラー」「年寄り受けがいい」などと表現される。彼らに共通するストーリーはこうだ。起業を志した若い時期に伝手《つて》を頼って財界の大物を訪ね、起業にかける思いと練りに練ったビジネスモデルを訴え、大物たちから融資や便宜を図ってもらった……。そして「あの人は爺さんを味方につけるのがうまい」と締めくくられる。運命の転換点をつかむには、誰を知っているか（人脈があるか）が重要だということを表すエピソードだ。ある日、権力者や実力者が援助をしてくれて、夢が実現するというようなシンデレラ・ストーリーは一般に受け入れられやすく、この種の話は起業家が強運の持ち主で人脈があったから可能なのだというように解釈される。

自分の努力とは別のところで幸運が重なり手に入ってしまうという偶然性と、自分の努力で切り拓《ひら》けるという自発性。この相反する二つの要素を内包していることが、人脈というものを曖昧でとらえどころのないものにしている。この曖昧さこそが、人脈に対して人々がさまざまな思惑を抱く理由なのだ。

宮部みゆき氏の小説『理由』には次のようなくだりがある。主人公の一人である大手機械メーカー営業マンの小糸氏の生活信条について、その妻が描写している場面だ。

「力と言ったって超能力とかじゃありませんよ。もっと世俗的なものです。たとえるなら、特別扱いとか、奥の手とか、裏技とか、そんなふうなものですね。世の中には、どんな業界でも、会社でも組織でも、必ずそういうものがあるっていうんですよ。そしてその力を利用できる人間が本当のＡクラスなんだって。」

「ルートなんだ。人脈なんだ。（中略）本当に大切なのは実力者に渡りをつけることであり、それさえできれば怖いものはない……」

現実問題として、主人公が思い描くほどの力を人脈が与えてくれるかどうかは疑問だが、人脈が持つ「内容はよくわからないけれど、あればきっと自分が得するに違いない部分」に対する憧憬をうまく表している。人脈を持つことによって、特別な扱いを受けたり、ふだんは出入りできないところに入れたりして、それが「自分の得」になると。主人公は目に見えない「特別な人脈」を手に入れようと躍起になり、それがさまざまな不幸につながるのだが、この一節は人々が人脈に対して持つ「役立つけれど、手に入れにくい」というイメージを的確に表現していて興味深い。

人脈という無形資産

人脈という言葉をインターネットで検索すると、怪しげなフレーズがたくさん出てくる。「人脈」と「(何らかの)利益」はまったく別の言葉なのだが、人脈という言葉は利益誘導が必要な場面でよく使われるため、何やら胡散臭《うさんくさ》いものとも思われているようだ。そうかと思うと、企業の経営者や人事部の話では、人脈は一種の無形資産のように扱われ、非常に重要なものともみなされているわけだ。

ビジネスの現場では「何を知っているかではなく、誰を知っているか」が重要だと言われる。本来なら門前払いをくらうところ、ある人物を知っていたおかげで先方と話ができたとか、思うような結果が得られたなどという経験は誰でも一度はあるだろう。営業マンが新規の会社と取引したいとき最初にすることは、先方の担当者を直接知っている者を身の周りで探すことだ。それは、相手の出身校の名簿を見ることかもしれないし、周りに「あの会社の◯◯さんを知っている人、いない?」と聞いて回ることかもしれない。ともかく、キーパーソンにアクセスすることができれば、ビジネスを効果的かつ効率的に進められるのだ。

誰かを知っているということは、その場所・その組織・その人にアクセスする鍵を持っているようなものだ。相手企業の「誰か」を知っていたら、そしてその人から簡単にでも担当者に紹介があれば、少なくとも門前払いされることはないだろう。会議室に通され、プレゼンテーションを聞いてもらえるかもしれない。そのときは取引がかなわなくても、一度会って名刺を交換しておけば、次のチャンスにつながるだろう。鍵はもう、手に入ったのだ。

思いがけないところで、思いがけない人と深いつながりができて、それによってビジネスが大きく変化したり、新しい局面を迎えたりすることは珍しくない。まったく関連のない分野の人であっても、話すことで難問解決へのヒントをつかんだり、新ビジネスの着想を得たり、ということはいくらでもある。また企業にとっても、有効な人脈を持った社員は強力な戦力だ。こう考えると、ビジネスパーソンにとって人脈は資産であり、人脈を作る力量が重要な資質と考えられるのも合点《がてん》がいく。

なぜビジネススクールに行くのか？

筆者が教鞭《きょうべん》を執《と》っているビジネススクール（経営大学院）では、人脈という言葉が当たり前に飛び交う。ＭＢＡコースの学生たちに入学の動機を尋ねると、「経営学を専門的に勉強してみずからの考え方をブラッシュアップしたい、今まで自分が企業でやってきたことを整理したい」という、いわば王道のような答えとセットで必ず出てくるのが、「ビジネススクールで人脈を培《つちか》いたい」「今後の人生にプラスになる人脈がビジネススクールではできると思う」という期待を込めた発言だ。

学生たちが作る新入生紹介ハンドブックには、ビジネススクールで受ける教育そのものへの期待とともに、抱負としてこの種の言葉が毎年必ず書き込まれる。オリエンテーションでの自己紹介でも同じだ。筆者ら教員側には毎年のことでまったく新鮮味がないのだが、当の学生たちはある種の熱気をまとって「在学中に人脈を多く作りたい」と語り、それを聞いたほかの学生たちも強く頷《うなず》くという光景が繰り返される。ビジネススクールでの出会いが、未来への扉を開ける鍵でもあるかのようだ。MBA学生は、学生同士はもちろんのこと、教員が出席する「飲み会」への参加率がひどく高い。「なぜ?」と聞くと、「先生方と一緒に飲む機会は貴重で、先生とのつながりは大事にしたい」などと答える。それを聞くと「いやあ、本当はそんなこともないのに。……私はあんまり(あなたの)役に立たないと思うんだけど……」とかえって申し訳なくなってしまう。

彼らは特に変わった人たちというわけではない。ごく平均的な(そして多くは良心的な)日本のビジネスパーソンである。MBA学生の平均年齢は三十代半ばで、中にはすでに社会的地位の確立した人もいるが、大多数は日本経済を背負って普通に働いている人々だ。彼らの多くは、人脈を持つことがビジネスで成功するために重要だと認識しており、ここで人脈を構築したいと思っている。

企業派遣でビジネススクールに留学しているある学生は、入学にあたって上司から「成績は二の次でいいから、とにもかくにも人脈を作ってこい」と命じられたそうだ。事実、ビジネススクールの修了生に「ビジネススクールで得たものの中で、卒業後に仕事で役立っていることは何ですか」と質問すると「人的ネットワーク」という答えが圧倒的に多い。ビジネススクールはその後のビジネス展開に有効な人脈が構築されやすい場所だということに異を唱える人は少ないだろう。

こうした現象は日本のみならず世界的にも同様で、筆者がアメリカでMBA学生だったとき、苦しい勉強とわからない英語でへこたれていると、同級生たちが「卒業して同窓生のネットワークを使えることが一生にわたる最も大きな資産だから、今くじけてはいけない」と繰り返し励ましてくれた。現在の苦難は将来の期待へと直結しているのだ。大学側も心得ていて、ＯＢやＯＧとのネットワーキング・イベントと称するさまざまなパーティーが大学主催で行われていた。ほぼ毎週末、ビールやワインを片手に、キャリアのこと、時勢のこと、ビジネスのことを飽きることなく話し合う機会が与えられていた。そして卒業後も、卒業生による各国での集まりが定期的に催されている。

ビジネススクールに行くことは、そこで得る知識や学問と同時に、大学に蓄積されるさまざまな人的・知的ネットワークにアクセスする権利を得ることと同義だと考えられている。各メディアが実施するビジネススクール・ランキングの重要評価項目に「同窓生間のネットワーキング」が挙げられていることからも、人脈はビジネススクールの教育投資に対して得られる成果物の一つと言える。

人脈を解剖する

人脈は自己申告制

しかし、「人脈がある」と言うとき、そのつながりの範囲はどこまでを指すのだろうか。多くの人を知っているというだけで「人脈がある」とみなしてよいのだろうか。つながりの深さも気になる。どの程度まで心を許したつながりのことを人脈と呼ぶのだろうか。

じつは、人脈の深さや広さには決まった定義がなく、個人の「解釈」次第だ。平たく言えば、相手を自分の人脈に連ねるかどうかは自己申告制なのだ。何度か会ったことがあるというだけで自分の人脈だと考える人もいるだろうし、心の友と呼べるような人々だけを人脈と考える人もいる。仲がよくなくても知的刺激を受ける相手を人脈とする人もいれば、直接的に役立つギブ・アンド・テイクの関係にある相手のみを指す人もいる。

このように、個人の「認知」の仕方によってその範囲が決まってしまうということが人脈の一つの特徴であり、悩ましい部分でもある。自分が相手のことを人脈と思っていても、相手はそう思っていないという場合も大いにありうる。たとえば、相手が誰もが認める大物シバヤマ氏で自分は駆け出しの身タナカ君であったとしよう。タナカ君はシバヤマ氏の息子と幼なじみでシバヤマ家にもよく出入りし、幼少期にはシバヤマ氏からもかわいがられていた。この場合、タナカ君はシバヤマ氏のことを自分の人脈の一人だと思い大事にし敬《うやま》うだろうが、シバヤマ氏はタナカ君のことを自分の人脈だとは思うまい。人脈の関係は必ずしも双方向ではない。むしろ、一般には社会的地位の高い人をおおぜい知っていることが人脈の広さだと考えるきらいもある。

「あの人知っているよ」人間

読者諸氏の周りに「あの人知っているよ」人間はいないだろうか。著名人や社会的地位の高い人とつながりがあることをみずから表明する人々のことだ。筆者にも心当たりはあるが、なぜだか年を重ねるほど出会う確率が高くなるような気がする。彼らの決まり文句は「僕に言ってくれれば何とかなると思うよ」で、誰かを知っていることがあたかもその人の価値を高めることと同義であるようだ。ただし、「知っている」と言いながらじつは名刺を交換したことがあるだけで、「あの人も自分のことを覚えているに違いない」と勝手に期待しているだけという場合もある。一方で、その大物とはその昔、大学時代のアルバイト先での先輩後輩関係で、その後も定期的に懇親を深め、子供の結婚式に招き合うほど親しいという場合もある。一言で人脈と言っても、その親密さはまちまちである。悩ましいのは、「あの人知っている」とか「彼女は私の人脈の一人だ」などと宣言されても、それを確認することはできないという点だ。つまり、人脈には「言ったもの勝ち」という側面があるのだ。そう考えると、人脈というものが本来、非常に曖昧で確認の難しい基礎の上にあるということがわかる。

人脈という名の期待

本書で言う「あなたの人脈を構成する人」とは、「将来、自分のために好ましい行動をとってくれるだろう」という期待を持つことのできる相手、ということだ。当然ながら、人脈と言っても「私はあなたの人脈を構成するメンバーの一人です。だから、あなたは何かあったら私のために働いてくださいね」などと相手と約束しているわけではない。人脈だと思うことはすなわち、相手の将来の行動に対して自分が何らかの期待を持っている状態のことだ。よりくわしく言えば、将来において相手がとるだろう行動が自分にとってポジティブな結果をもたらしてくれるだろうという期待を持った状態である。誰か、あるいは何かを紹介してくれるとか、グループに入れてくれるとか、一緒に何かをしてくれるとか、自分のために働いてくれるとか、何らかのポジティブな結果を自分が得るだろうという期待を持つことを言う。

注意しなくてはいけないのは、期待は自分だけの問題だということだ。相手が期待に添う行動をとるかどうかはわからないにもかかわらず、相手を自分の人脈として、いわば勝手に期待するのだ。もちろん、相手との長い信頼関係の歴史があって、そのうえで相手を人脈と認知する場合もあるが、そうでない場合もある。ここに大きな個人差が生じる。相手に対する予測が甘い人、はっきり言えば「きっと彼は私の好む行動をしてくれるに違いない」と簡単に思いやすい人は相手を人脈とみなすハードルが低い。他方、かなり長い時間をかけて相手を観察し、吟味し、期待が持てると確信できた相手にしか期待を抱かない人はハードルが高い。相手を「人脈メンバー」と思うかどうかは本人の思考性向の影響を大きく受ける。「百日間一緒に仕事をしたから、この人は人脈メンバーだ」というような客観的な基準は存在しないのだ。

キムラ氏に期待すべきか?

具体的な例で考えてみよう。

あなたがぜひ緊密な関係を持ちたいと思っている取引先の部長が、熱狂的なテニスファンだったとする。今度、日本で開かれる某大会に海外のあるメジャー選手が参加する。接待のために、その試合のチケットがどうしても必要だ。しかし当然ながら、それはプラチナチケットで、とうてい手に入らない。あなたはふと、大学の後輩であるキムラ氏を思い出す。キムラ氏は大手広告代理店の営業マンで、数年前の同窓会で会ったとき「たいていの興業チケットなら手に入る」といばっていた。心の中で期待が膨らむ。あなたは自分とキムラ氏の「クラブの先輩と後輩で学生時代は仲がよかった」という関係を評価し、キムラ氏の将来の行動に対して期待を持っている状態だ。このとき、あなたの頭の中では、キムラ氏は自分の人脈に連なる一人として考えられているだろう。そして、あなたはキムラ氏に連絡をとる……。

しかし、キムラ氏にしてみれば、数年前の同窓会以来コンタクトのなかったあなたから突然連絡をもらい、それがまためんどうなお願いごとだった……。ひょっとしたら嫌《いや》な気分になるかもしれない。いや、じつはかねてから慕《した》っていたあなたのために何とかしようと思うかもしれない。これは、キムラ氏の立場になってみないと何とも言いようがない。

忘れてはいけないことは、自分が相手に持つ期待と、実際に相手がこちらの期待する行動をとってくれることとは、まったく独立した二つの事象であるということだ。言い換えると、自分で相手を人脈と思うことと、それが人脈として現実に機能するかどうかは別の問題であるということだ（図２）。

人脈はいずれの場合においても自分の相手への期待からなる。悩ましいことに、相手が（自分が期待したとおりの）人脈メンバーだったのか否かは、実際に相手の働きを必要とするような事態が発生したときにしかわからないのだ。したがって、人脈をアテにして何かをしようと思っても、自分の期待と相手の行動の間でギャップが生じる場合が大いにある。自分で人脈があると思っていても実際に

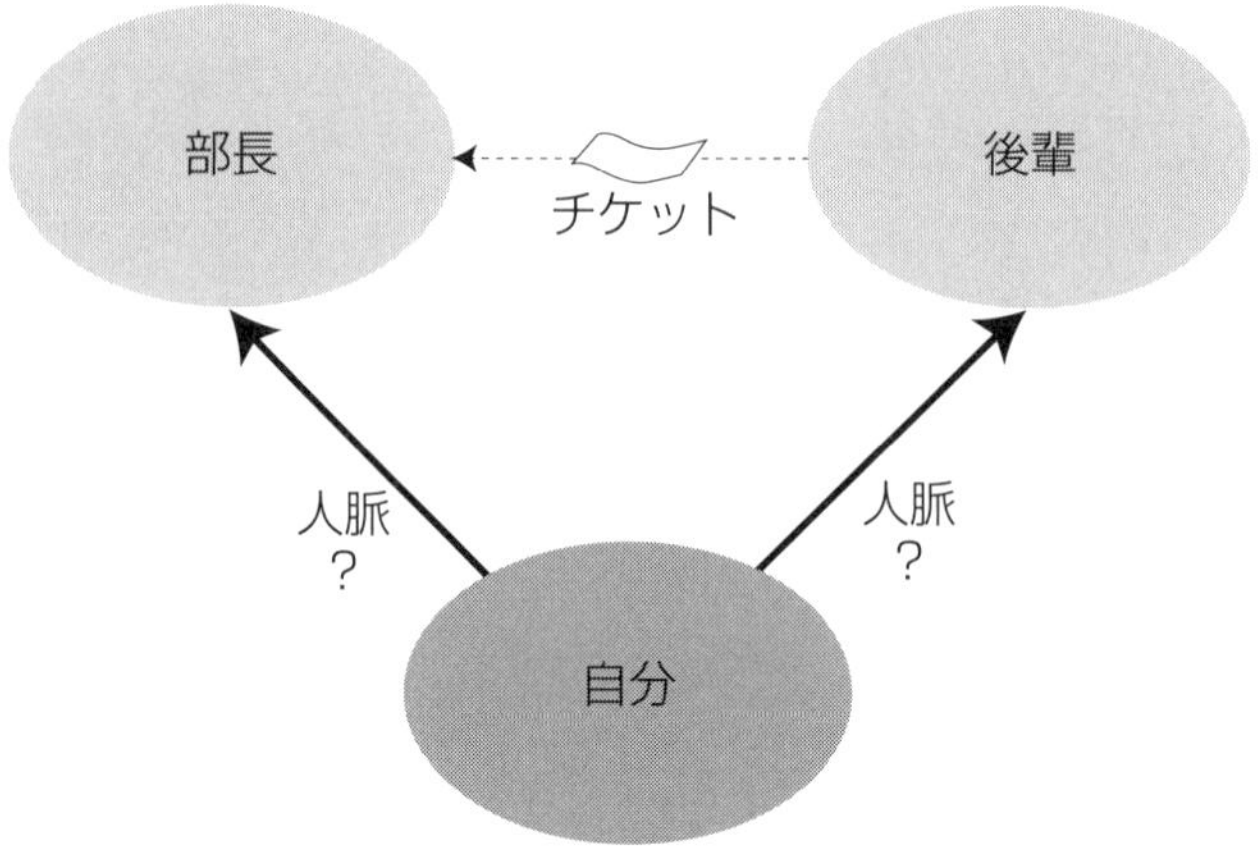

図２　曖昧な人脈

は機能しないこともあるだろうし、人脈のある人だと思っていた相手が肝心の場面で実力者にアクセスできず、がっかりすることもあろう。相手を人脈メンバーとみなすことは個人の自由だが、実際に事が起こった際に機能するか否かは、そのときになってみないとわからないのだ。これは人脈という概念が持つ構造的な問題であり、人脈をとらえどころのない曖昧なものにしている大きな原因の一つである。

一肌ぬいでくれる人

人脈とは？

本書が焦点を当てるビジネスの現場では、「人脈」と呼ぶ相手の範囲は具体的になる傾向にある。筆者がMBA学生を含む多くのビジネスパーソンに対して行った調査では、「ビジネスパーソンであるあなたにとって『人脈』と言える人とはどのようなつながりにある人のことですか」という問いに対して、ほほ九割の人が「自分のために何かをしてくれたり、教えてくれたりする人」「知恵を貸してくれる人」「お互いに警戒心なく一緒に何かを成し遂げることができる人」などと答えた。そこで、本書ではビジネスパーソンの人脈の定義を「自分または自分たちのために一肌ぬいでくれる可能性があると自分が認識している人の集合体」とする。

「人脈」という言葉は集合名詞だ。一つの集合体を指す場合もあるし、一人一人のことを指す場合もある。そこで本書では混乱を避けるために、集合体を指す場合は人脈と呼び、一人一人を指す場合は人脈メンバーと呼ぶことにしよう。

一般的な意味での人脈が、単に知っているというレベルから非常に緊密な関係まで幅広い範囲を指しうるのに対して、ビジネスパーソンが考える人脈は、自分のビジネスに関連して「一肌ぬいでくれる可能性のある人」、つまりビジネスにおいて自分の利益になる行動を将来してくれるかもしれない人、とより具体的なものになる。

ビジネスパーソンにとって評価される有効な人脈は、自分が持つ相手の行動への期待が高い確率で実現するような相手である。そのために相手の行動に対する予測の精度を上げることが重要になる。しかし、「予測の精度を上げる」といっても実際にはどのようなステップがあり、どのような行動をとればよいのだろうか。これらの疑問をさまざまな角度から解明していこう。

知恵袋と援助行動

本書では「人脈メンバー」を「自分（たち）のために一肌ぬいでくれる可能性のある人」と定義するが、これはさらに二つの要素に分解できる。これを「知恵袋要素」と「援助行動要素」と名づけよう。知恵袋要素は、文字どおり自分のために何らかの知恵を貸してくれることを指す。援助行動要素は自分を援助してくれるような何らかの行動をとってくれることだ。「一肌ぬぐ」という言葉は、何かしら具体的に行動することを連想させるが、知恵を得られることも人脈の重要なメリットだ。仕事で行き詰まったときに相談し、的確なアドバイスをもらうことができる相手は人脈メンバーと言ってよいだろう。

本書で「一肌ぬいでくれる」ことを具体的に言うならば、相手が自分のために何らかの知恵を提供してくれること、自分の援助になる行動をとってくれること、の二つの要素のいずれかもしくは両方を相手が行うことを指す。つまり人脈は知恵袋か援助行動の両方もしくはいずれかの機能を持つ。

構造を理解しよう

「ワタシ流」を編み出そう

本書は人脈を作ろうとしている、もしくは自分の人脈を役立てたいビジネスパーソンに向けて書かれている。ビジネスパーソンの多くは、人脈を持ちたいと考えているが具体的にどうすればよいのかがわからないと言う。人脈作りの本はたくさんあるが、あまりに多すぎてどれがよいのかもわからないと嘆く。本書は、人脈作りのハウツー本ではない。巷《ちまた》にある、「私はこうやって人脈を作っています」とか「こうすると人から好印象を持たれる」というような人脈構築の具体的な方法については、あまり多くの関心を払っていない。これらの本では、著者が示す具体的な方法（多くは著者の経験によるもの）を読者が自分に合う・合わない、実現可能・不可能を判断することになる。

本書では、ある具体的な方法を示すというよりも、人脈の構造を知ることに重点を置いている。読者は人脈の構造を知ったうえで自分なりの人脈構築法を考えればよい、というのが基本的な姿勢である。人脈本の著者が編み出した人脈作りのノウハウを紹介し、読者がそれを実行するというかたちは、著者と読者のさまざまな条件が合致しないかぎり、なかなか役に立てにくい。内向きな性格の人に外向的に誰とでも笑顔で接しろとか、パーティーで見知らぬ人と積極的に話せと言っても現実的ではないだろう。筆者はそれよりも応用可能な知識を示し、それを基盤として読者が自分なりの方法を作り上げていくほうが、長い目で見たときに有用だと思っている。

人脈がどのようなプロセスで形成され、どのような構造をしているのかを考えたあとに、人脈についての事例研究を通じて、いわゆる「使える人脈」がどのようにして作られているのか、その要素を明らかにしていく。そして、どうすればビジネスパーソンの役に立つ人脈を構築することができるのかについて考察し、具体的に提言する。

一人でできることなんて…

なお、最初に一言申し添えておきたい。本書の大きな目的は、人脈の構造について理解と知識を得ることである。したがって、本書は倫理的な問題――他人を自分の人脈メンバーか否かで選別することの是非――については扱わない。というのも、世の中には「人脈」という考え方を倫理的にとらえて批判する人々がいるからである。つまり、「人脈」とは他人を利用しようという下品な発想だというわけだ。

このような見方をする人々は（そもそも、本書を手にするようには思えないが）、たしかに正しいのかもしれない。実は、第3章以降で明らかになるのだが、周りから「人脈があり、仕事がデキる」とみなされているビジネスパーソンの多くが、筆者のインタビューに対して当初「人を損得で考えるようなことはしない」「人脈だなんて、とんでもない」と倫理的な拒絶反応を示したのだ。

それでもなお、筆者が言葉を尽くし、質問を繰り返し、彼／彼女らに人脈について答えてもらったのは、多くの人々にとって独力で成し遂げられることなどわずかなもので、他者との有効なつながりがあるからこそ望ましい成果を実現できると考えているからだ。人脈という言葉はたしかに功利的なイメージを人々に与えるかもしれない。しかし本書は、その裏側に間違いなくある「人と人とのつながり」について考えていきたい。

●調査データについて

本書の多くの部分は、ビジネスパーソンへのインタビューからなる。調査の対象は三〇代から四〇代に焦点を絞った。インタビュー先の詳細は別途示すが、調査方法として最初に各企業の人事担当者に「あなたの会社の仕事のデキる人」を数人推薦してもらって、その人々へインタビューし、さらに彼／彼女たちの目から見た「仕事のデキる社内の人」を推薦してもらいインタビュー調査を加えた。いわゆる「仕事がデキる」とされている人々の人脈構築を分析することで、何らかのエッセンスを得られると考えたからだ。ただし、人事部から見た「仕事のデキる人」を推薦してもらったので、そこにバイアスがかかっている可能性はある。人事部の言う仕事のデキる人と、現場にとって仕事のデキる人との間にギャップがないとは言い切れない。そこで、その会社で働いている筆者のＭＢＡ時代の同窓生やビジネススクールなどでの教え子を通じて、彼もしくは彼女らが個人的に評価する「仕事がデキる人」を推薦してもらい、データに加えた。

本書における主な調査は、株式会社リクルート　ワークス研究所の二〇〇七年度の研究プロジェクトである「ミドル人材のブレークスルー」の一部として、筆者が客員研究員として行った「ミドル人脈の構造」についての調査研究と、平成一九年度科学研究費基盤研究Ｃ「女性上級管理職を活かす組織マネジメントシステムの研究」で行った調査（研究終了平成二〇年度）、および平成二一年度科学研究費基盤研究Ｃ「女性中間管理職のキャリアアップを支援するための組織マネジメントシステムの研究」で行った追加調査をもとにしている。

第2章 人脈を科学する

いつから人脈か、
どこまで人脈か？

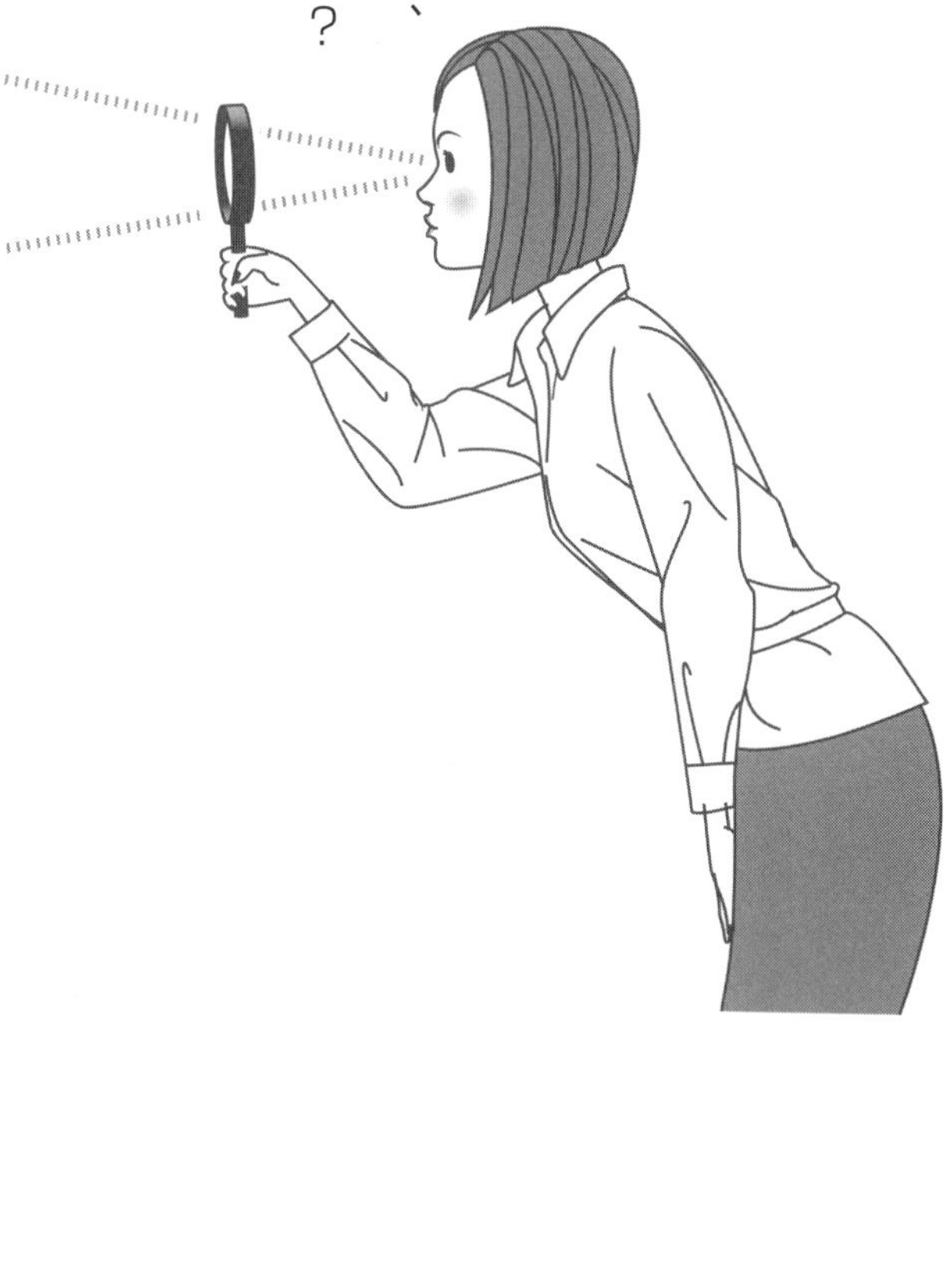

「人脈」の登場

小才《しょうさい》は縁に出会って縁に気づかず

「人脈」という言葉をビジネスの現場では当たり前のように使う。ビジネスパーソンの一つの能力として使われる場合もあるし、ビジネス成功の基盤とみなされる場合もある。その言葉の意味するところは非常に幅広い。

しかし、じつは人脈という言葉の歴史はそう古くない。古来、日本人は人と人とのつながりを「縁」と呼び表してきた。徳川家の剣術指南役だった柳生家には「小才は縁に出会って縁に気づかず、中才は縁に気づいて縁を生かさず、大才は袖《そで》すり合った縁をも生かす」という家訓が残されている。凡人は自分の人脈となる人と出会っても気がつかず、たとえ気づいてもその人の叡智《えいち》を生かせないが、傑出した人物は些細《ささい》なことでも人とのつながりを大事にし、自分の人脈としてその叡智を生かす、というほどの意味になろうか。

メディアがとらえた「人脈」

人脈という言葉がビジネス書や新聞・雑誌などのメディアで日常的に使われるようになったのは、比較的最近のことのようだ。

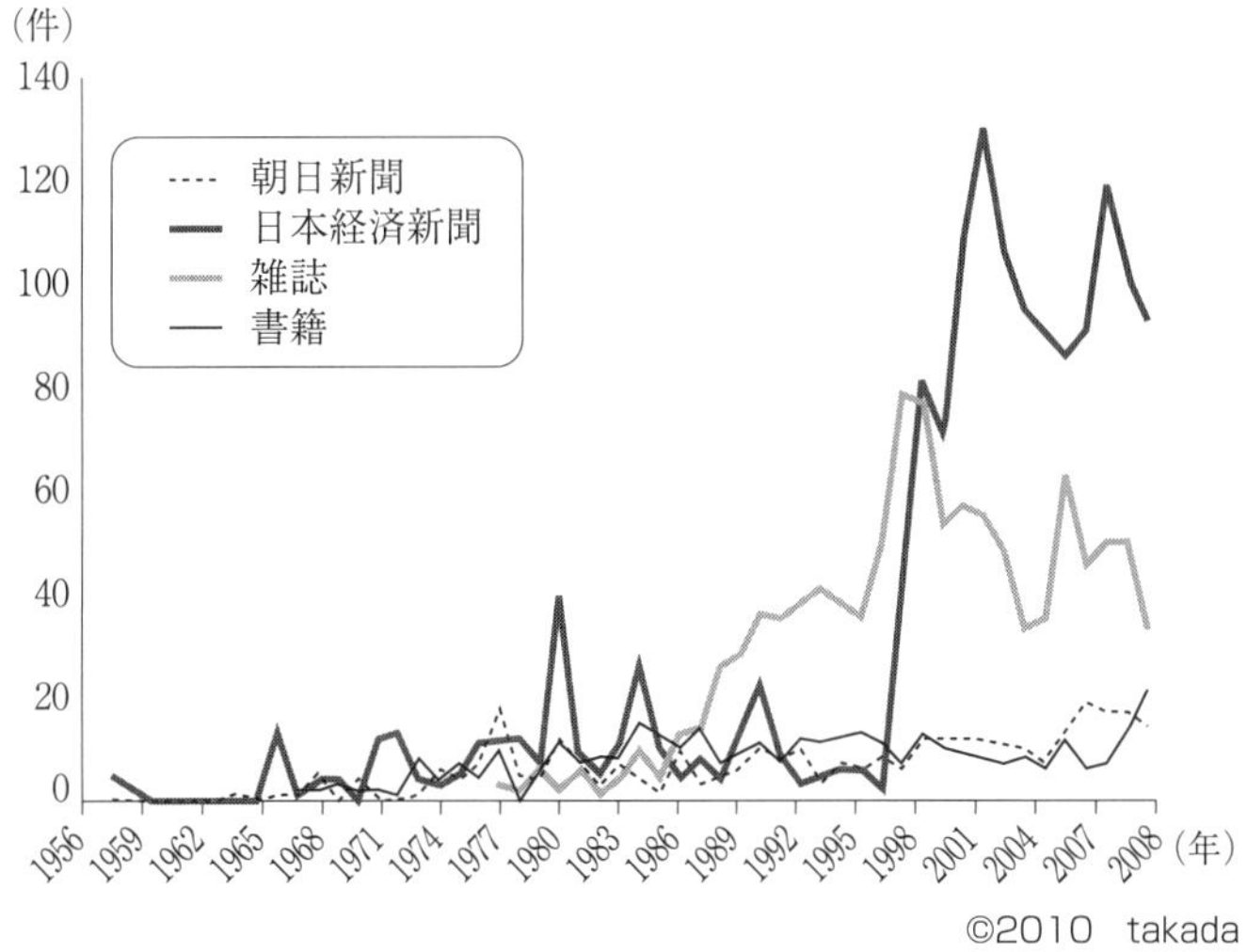

図３　人脈という言葉の使われ方

図３は『朝日新聞』[1]（一九四五年以降）、『日本経済新聞』[2]（一九七五年以降）の新聞二紙の見出しと、明治初期から二〇〇八年まで日本で発行された日本語で書かれたすべての雑誌記事[3]のタイトル、そして一九二六年以降に日本で出版された書籍のタイトルに「人脈」という言葉が含まれている件数を筆者が数えたものである。

　まず雑誌を見ると、明治・大正時代の現存する雑誌記事の見出しに「人脈」という言葉は見当たらない。人脈という言葉が使われるようになるのは、第二次世界大戦後の高度成長期になってからだ。最初に使われたのは、一九五七年四月『経済往来』誌上に掲載された「岸政権と財界人脈」。その後、一九七九年に四〇件、一九八九年に二三件使われたのを特殊な例として、それ以外は年間一件から一三件の間を推移する。ところが、一九九七年の八二件を皮切りに、一九九九年に一〇八件、二〇〇〇年には一三二件、二〇〇一年から一〇〇件前後で推移している。内容の多くは「人脈を持つとこれだけ得する」という事例紹介や、「トップの人脈はこうつながっている」という業界事情分析など。しかし、一九九〇年頃を境に「人脈を作るためのノウハウ」といった個人的なスキルや能力についての記事が多くなる。

『朝日新聞』の見出しで、人脈という言葉が戦後初めて使われたのは、一九六三年一一月三〇日の総選挙についての記事だ。ロッキード事件のあった一九七六年には一年間で一八件の見出しに使われたが、これはずば抜けて多い年で、それ以降は多くて年間八件程度、だいたい五～六件だ。ところが、一九九七年以降はコンスタントに年一二件以上、二〇〇五年には一九件、その後二〇〇六年、二〇〇七年には一七件と近年増加の傾向にある。

『日本経済新聞』では、一九八五年以降急激に人脈という言葉が使われるようになった。同紙は一九七四年から八四年の一〇年間は平均七件程度だったが、一九八五年から業界・企業・学校などさまざまな人間のつながりを追いかける「日本の人脈」シリーズが始まったため、件数が増加している。連載終了後も一九九五年以降年間四〇件から八〇件の人脈関連記事が掲載され、人脈という言葉が日常語として紙面で使われるようになったことがわかる。

全体として見ると、一九九六年から九七年が一つの転換点のようだ。この年を境に多くのマスメディアで人脈という言葉が一種の流行のように使われ始める。時代はバブル崩壊後の「失われた一〇年」真っただ中。かつての「お金で買えないものはない」という考え方が猛省を迫られ、人と人とのつながりの重要性があらためて実感され始めた時代だった。また、情報化の進展が人間関係を急激に希薄化させていたことも一因ではないだろうか。そうして、人々の関心が「人とうまくかかわること」という人間社会の原点に戻っていったのかもしれない。

人脈本の「プッシュ型」と「プル型」

このような時代背景のもと、人脈作りに関する本が数多く出版されてきた。大きく分けて、これらの本は二種類の提案をしている。名づけるならば「プッシュ型」人脈作り法と「プル型」人脈作り法である。

プッシュ型は「人脈を作るためには○○をすべきだ」という文字どおりの「ハウツー」の紹介が中心だ。どのように相手に働きかけるのか、どうやって自分を売り込むのかなど、その秘訣を具体的に紹介している。誰かと会ったらすぐにメールをして次のアポイントメントをとるとか、自分の特徴をアピールするキャッチコピーを持ちましょうとか、お礼のはがきはすぐに書きましょうなど、手軽にできる工夫が（多くはカリスマ的）著者の経験をもとに事例豊富に書かれているのが特徴だ。

プル型は、より精神論的になるが、共通しているのはギブ・アンド・ギブの精神だ。相手に対して多くを望まず、他者に奉仕することによって、結果的に人を引き寄せることになるという趣旨で、これも豊富な事例が紹介されている。どこそこの社長は相手に与えることだけを考えて仕事をしてきた結果、回り回ってよい評判を得たのだとか。こう書くと何だか宗教のようでもあるが、実際、（儒教を含め）宗教の教えに基づくものもある。プッシュ型にせよプル型にせよ、根底にあるメッセージは同じで「相手から好かれる自分になりましょう」である。相手から好意を持たれると、相手は自分の人脈になるという仮説（？）を基盤として、さまざまな手法が提案されている。

これらの本の特徴は、あくまでも実践的な知恵を提供することにあり、多くの場合、誰にでもできることがセールスポイントである。これは裏を返せば内容に「旬《しゅん》」があるものである。新しい方法であればあるほど、多くの人が真似をし、当たり前のことになり、騒ぐようなことでもなくなってしまう。また、読者がその方法を取り入れるかどうかで、その本が役立ったかどうかも判断されてしまうのが難点だろう。いずれせよ、これらの本は即効性のあるアイディア、手法が主となっている。どれも素晴らしく、生来怠け者の筆者にとっては、ため息が出るものばかりだ。そして内心「そんなに一生懸命になって相手に取り入ることが大事なのだろうか」という疑問が湧き上がってくる。それは筆者の人間ができていないからだろうか。

人脈に関するこれらの本は、時代背景や社会的背景の変化の中で、著者によって「実力者とうまくつながるコツ」が論じられている。筆者はこれらを否定するわけではない。少なくとも、読者は役に立つ気持ちになるに違いない。しかし、実際のところ、どれが本当に自分に合う方法なのかは、自分で試行錯誤しないとわからないのだ。

本書が読者諸氏に提供するのは、「試行錯誤して自分のやり方をつかむ」ために必要な人脈の仕組みについての知識である。読者は人脈の仕組みを理解し、自分の置かれた環境や、自分の性格（学生風に言うと、自分の「キャラクター」）を踏まえたうえで、自分なりの人脈構築法を確立していけばよい。たとえて言うならば、多くの人脈本が一品料理を提供するとすれば、本書では材料といくつかの調味料、いくつかの加工品と少しの完成品を提供する。一品に仕上げるのは、シェフである読者諸氏である。

ネットワーク理論の誕生

では、学問の世界では、人脈はどのように扱われてきたのだろうか。「学問」というと読者の興味からははずれるかもしれないが、本書はもちろんほかのハウツー本を読むときにもきっと役立つはずである。

人間社会では、他人と上手に関係を築くことが不可欠だ。「どのようにして他人とうまくやるのか」というテーマは心理学や教育学の分野を中心に研究されてきたが、つながりそのものにスポットが当てられたのは二〇世紀も半ばになってからである。つながりの研究はネットワーク理論の発展とともに注目され、その後の多くの分野の研究に影響を与えていった。

ネットワーク・ブーム

人脈はネットワークの一つだ。安田雪は「人々を結ぶ紐帯《ちゅうたい》がある程度堅固になり時間の変遷に耐えたとき、初めてそれが固定的な関係としてネットワークたりうる」(4)と主張し、複数の人間同士の固定的な関係として人脈を定義している。ネットワークについての研究は、現在では人間同士はもとより、コンピュータ・ネットワーク、交通システム、自然など、ありとあらゆる分野に広がっている。

社会全体をネットワークの集合体として考えると、人間は一つの要素であり、その人間がつながってネットワークを形成し、多くのネットワークが集まって社会を形成する、と理解できる。当初、ネットワークについての研究は、人と人とのつながりをその関係の太さや細さ、距離によって図で表し分析するというグラフ理論として発展した。その後、社会学の分野で研究が進み、すべての学問分野を巻き込む大きな潮流となっている。

六次の隔たり

人と人との「つながり」そのものが社会を構成する要素であることに人々の目を向けさせたのが、ミルグラム（Milgram, S.）だった。彼はアメリカのネブラスカ州オマハに住む住人一六〇人をランダムに選び、ファーストネームを知っている友人・知人を通じて一三〇〇マイル以上離れたボストンの株式仲買人まで手紙を転送してもらうという実験を行った。その結果、オマハからボストンまで平均して五名の仲介者で転送された(5)。まったく面識のない離れた場所にいる二名が五名の知人を通じてつながったことになる。世の中の多くの人が距離とは関係なく小さなネットワークでつながっていること、言い換えれば社会が小さなネットワークの集合体であることが示されたわけだ。これは六次の隔たり（six degrees of separation）と呼ばれ、研究者たちの関心を一気に集めた。

その後、グラノヴェッター（Granovetter, M.）が、ホワイトカラーが就職・転職する場合、強い紐帯の人（身近で親しい人）より弱い紐帯の人（あまり親しくない人）からの情報のほうが有効であることを発見した[6]。つまり、就職や転職では、同じ集団に属する者同士よりも異質な集団に属する人から得る情報のほうが役立つということだ。この研究ののち、人間同士のつながりが社会活動へどう影響するのかという視点から研究が進んでいった。

閉鎖的か開放的か

その後、ネットワークの構造については二つの相反する考え方の間で激論が交わされる。ネットワークは閉鎖的なほうがよいとする考え方と開放的なほうがよいという考え方だ。前者の代表がコールマン（Coleman, J. S.）だ。彼は、親が子供に対して期待を高く持ち、かつ親が家族外のコミュニティとつながっている家庭のほうが子供の高校中退率が低いことに注目した。そしてそこから、世代間で閉鎖的かつ凝集性の高いネットワークはネットワークのメンバーや社会に対して信頼を抱きやすくなり、ネットワーク全体が利益を得ると主張した[7]。つまり、皆が知り合いで結びつきの強い集団ではお互いが監視し合い悪いことはできないので、集団へのメンバーのコミットメントが高くなる。その結果、その集団に属しているとメンバーが恩恵を受けられる確率が高くなるということだ。

これに対して、バート（Burt, R.）は「構造的隙間論」を展開し、社会のネットワークに隙間や断絶があることによって、そこからビジネスチャンスや発想の発展が見られ、結果的にネットワーク成員にビジネスの機会や成功を与えると主張した[8]。バートは一連の研究の中で、個人が持つネットワークの中に遠方の人を数多く含んでいる管理職のほうが速く昇進することを指摘した[9]。

知り合いの知り合いはじつは知り合いだ

やがてネットワークの研究は、社会科学のみならず自然科学の研究と相互発展を遂げ始める。世に言う「情報技術革命」の到来が、ネットワーク研究の可能性を飛躍的に広げたのだ。その契機となったのがワッツとストロガッツ（Watts,D. J. and S. H. Strogatz）の論文[10]である。彼らは「世間は狭い」という意味で使われる“It's a small world”という言葉を引用して、「知り合いの知り合いはじつは知り合いである」、つまり社会はつながっているということが、映画俳優の共演者ネットワーク、送電線網、線虫の神経網などに共通する二つの特徴を持つグラフ（ネットワーク）として定式化できることを発見した[11]。彼らの研究以降、数学はもちろんのこと疫学《えきがく》、経済学などさまざまな分野の多種多様なネットワークについて学術領域を超えた研究が加速度的に進んだ[12]。

ネットワーク理論のエッセンス

これらのネットワーク研究から得たエッセンスをまとめると、次のようになる。

① 広くさまざまな業種の人を知っていることは、その人の情報収集能力が高いことと同義な場合が多い。
② 多くの異なる集団とつながりを持つことによって、情報の量の増大と情報の質の多様性や分散性が生じ、これが有利に働く。
③ 企業間連携は担当者の個人的なネットワークの構築から始まる。
④ 転職などの情報は、非常に親しい人よりもつながりの薄い人からもたらされる場合が多い。
⑤ 人的ネットワークに日常の身の周りの人だけではなく、違う分野の人を含んでいる管理職は昇進が速い。
⑥ 人脈はある程度固定的で反復的なつながりを持つ相手から形成される。

ビジネスパーソンの人脈という視点から見直してみると、人脈は一つの業界や組織だけに特化するのではなく、さまざまな分野・ジャンルにわたって構築するほうが恩恵を受けやすいこと、そして企業組織のつながりは、個人レベルのつながりから始まることが多いことなどが浮かび上がる。

ただし、ネットワーク理論における人的ネットワーク（人脈）と、本書で扱う人脈とは微妙な違いがある。ネットワーク理論では社会を構成するネットワークの一部として人々のつながり（人的ネットワーク）を見る。そこで想定されている人脈は、人と人とが長い時間をかけて作り上げるもので、継続性・反復性・固定性を持った強いつながりとして考えられている。

しかし、現実には人脈が場面限定的な性格を持つことも大いにありうる。「人脈がある」と言われているビジネスパーソンでさえ、多くの人と継続的・反復的な交流を維持しているとは考えにくい。そのときその現場では頻繁なやりとりがあり一緒に困難を乗り越えたものの、その後は数年に一度しか会わないということもよくあるが、にもかかわらず相手に何かあったときには必ず助けるという確信を持ち合えるような関係もまた、よくあるのだ。

そもそもネットワーク理論では、ネットワークの構造そのものに関心の中心があり、ネットワークの成り立ちやつながり方の動態などについて焦点が当てられてきた。これは「構造が行動を決める」という考え方が基本であるためで、この中心にある社会学の分野でも個人の行動や心の動きについてはあまり注意が払われてこなかった。

しかし、本書の関心は、有用な人脈を構築するために個々のビジネスパーソンはどのように行動すればよいか、という点にある。いかにして機能するネットワークを築き上げればよいのか、そのために個人はどのように振る舞えばよいのか、そのときに人はどのような気持ちになるのかという点にこそ、本書は焦点を当てたい。

人は誰のために「一肌ぬぐ」のか?

信頼と期待

人脈の基盤となるものは何だろうか。これを「信頼」の視点から考えてみよう。人的ネットワークが構築されるためには、当事者同士の信頼が必要だ。このことは、多くの研究者から指摘されてきた。[13]

ロッター（Rotter, J. B.）によれば、信頼とは「他者の言葉や約束、口頭ないし書面による言明があてにできるという信念[14]」であり、「他者の話す言語、約束、話し言葉や書き言葉に表されたものをあてにできる期待[15]」である。つまり、（少し乱暴に言えば）信頼は相手に対して期待を持った状態ということなのだ。くわしく見てみよう。

山岸俊男は、信頼は相手の未来の行動に対する期待の中でも「搾取しようと思えば搾取できる状況において、つまり相手方に裏切るインセンティブがある状況において、相手に搾取する意図はないと期待すること[16]」として信頼の「埋め込み理論」を展開した。将来にわたって相手が自分を陥れることがないだろうと期待できるような関係を多くの人と築くことによって、より多くの有益な情報を手に入れ、よりよいビジネスチャンスを得ることにつながるというのである。ただし、このような信頼関係を築くためには、相手の信頼性を適切に判断しなければならない。いわば、信頼性についての「見極め能力」を持つことが必要になる。見極め能力の高い人は、相手に関する情報を得ることに長《た》けていて、その情報をもとに相手が信頼に足る人物かどうかを高い確率で正しく判断できるのだ。

他者を信頼することができれば、そうでない場合と比べて他者との間にネットワークを築く際の手間と時間を省くことができる。常にアンテナを張って他人が信頼に足る人物かどうかを見極めながら自分のネットワークを拡張することは、多くの有益な情報を得るための合理的な行動というわけである(17)。

一肌ぬいでくれるのは?

山岸の信頼概念を援用すると、人脈メンバーとは相手が自分に対して「搾取する意図がないという期待を持てる」人物のことと言える。本書ではこれを一歩進めて、人脈メンバーとは「自分に対して価値のある行動をする意図を持つと期待できる相手」と考える。平たく言えば、自分のために行動してくれたり、知恵を貸してくれたり、いわゆる「一肌ぬいでくれる」と期待できる相手である。

ここで一点、注意しなくてはいけないことがある。信頼の概念も人脈メンバーの概念も同様に、あくまで当事者の期待に基づくという点だ。同じ状況下でも、ある人は期待を持つが、ある人は持たないということは大いにありうる。見極め能力は個人差が大きいのだ。

繰り返すが、相手を信頼するということは、相手が自分に対して「搾取できる状況にもかかわらず、相手は(自分から)搾取しないだろうという期待」を持つことであり、相手のことを自分の人脈メンバーだと思うことは、「相手は自分のために一肌ぬいでくれるだろうという期待」を持つことだ。実際に相手が信頼に足るのか、人脈メンバーなのかということは、何らかの事態が生じたときの相手の行動を見ないと判断できない。そして、その「何らかの事態」が実際に起こるかどうかは、神のみぞ知るのだ。

人脈は、相手に対して持つ期待の上に成り立っている。こう考えると、人脈とは、じつは何とも脆《もろ》い構造であって、その脆さを補うためには、期待はずれにならない相手を多く持つことが大切になる。つまり、相手の置かれている環境や意図、将来の行動に対する見極め能力を磨き、相手が期待に応えてくれる確率を上げることが重要なのだ。

必要は期待の母である

世の中には「人脈作り」が仕事における、いや人生における最優先事項で、常に頭の片隅に置いて積極的に他人と知り合おうとする人もいる。彼らは常に人の集まる場所に行き、さまざまな人と知り合いになる。それが人生のスパイスだと言う。「あの人とあの人が合いそう」と思ったら、男女問わず積極的に会う機会を作ってくれる。「いやあ、一度彼を君に紹介しておこうと思って。彼はいいやつだし、何か将来につながればいいなと思ってさ……」というのが、こうした人々の口癖だ。

これはこれで、ありがたい存在である。ただし少数派だ。多くのビジネスパーソンは日常業務で忙殺され、頭の中が常に人脈作りでいっぱいということはない。彼／彼女が人脈について考えるのは、多くの場合は必要に迫られたとき、もしくは自分の人脈について考える時間を意識してとったときだ。

人脈は、必要性を認識したときに初めて認知される。常に自分の人脈について考えている人脈マニアは別だが、多くの場合は、何か問題が起こったり、起こりそうだと予測したりして「誰が助けてくれるか」「誰が知恵を貸してくれるか」「誰に聞けばよいのか」と考えたときに、初めて人脈というものを考えるのだろう。必要に迫られて初めて、誰かに一肌ぬいでもらいたいと思うわけで、人脈メンバーの認知は必要性とセットなのである。

人脈の科学

人脈に連なるまで

人脈はどのような構造をしていて、どのように「あの人は私の人脈メンバーである」と判断されるのだろうか。人が人脈について考える状況下にあると仮定して、人脈が個人に認識されるプロセスを時系列で図式化したものが図4である。

矢印は、時間の流れを示す。t_1は現在、t_2は未来だ。相手が人脈メンバーかどうかを判断するのはt_1の段階で、それは未来のt_2において相手が自分に対して好ましい行動をするだろうという「期待」を持てるかどうかである。t_2において、相手が自分のために一肌ぬいでくれるだろうという期待が持てる場合、相手はその人にとっての人脈メンバーと判断されるだろうし、期待が持てない場合は人脈メンバーにはならない。

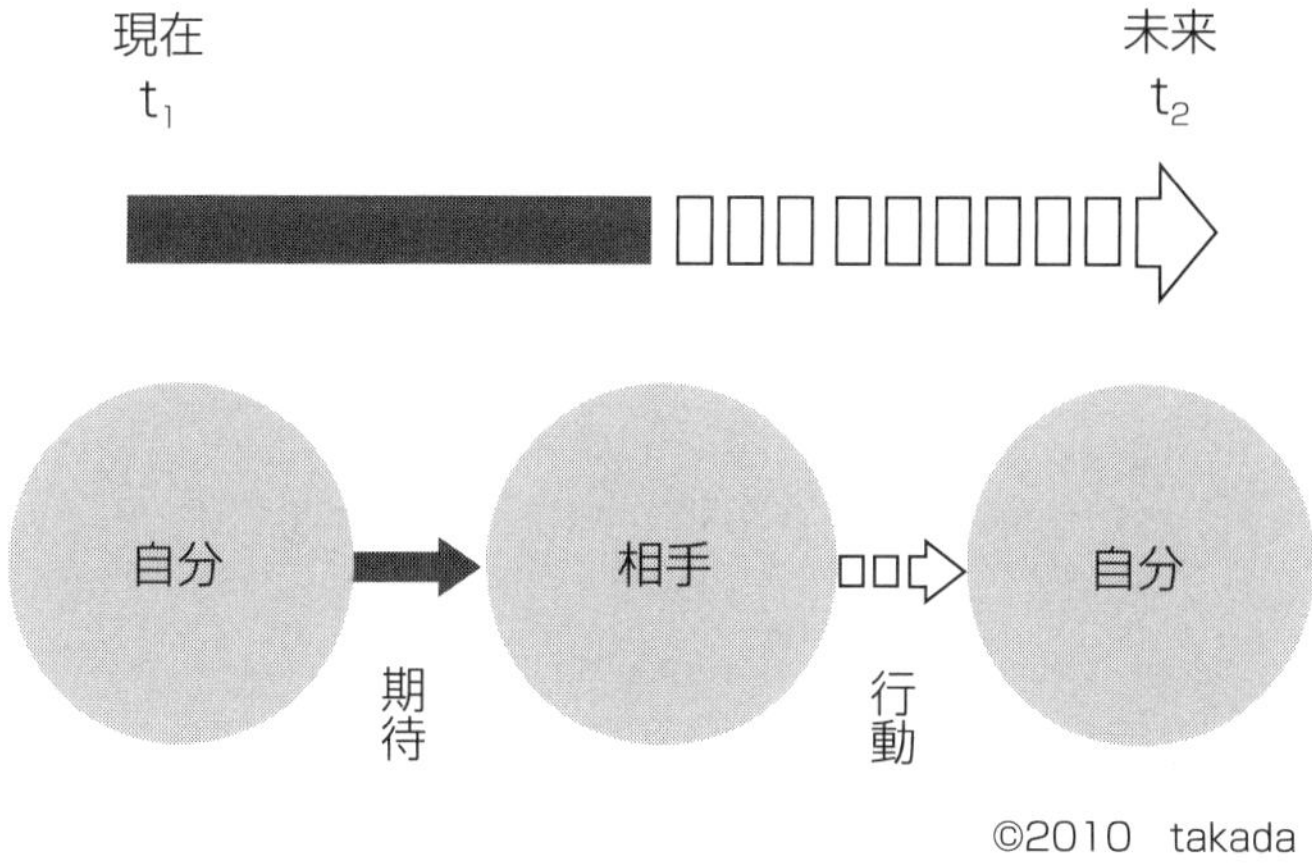

図４　時系列で見た人脈の認識

重要な点は、人脈であるかどうかということが、t_1の時点で本人の予測の中で判断されるということだ。自分の人脈メンバーと思う相手に対して「私は君を人脈メンバーと考えているから、何かあったらよろしくね」などと相手に確認することはまずない。そうなると、t_1の時点でt_2をどう予測するのかは、個人の思考性向の影響を大きく受けざるをえない。

具体的に考えてみよう。

ウツギ氏とカジワラ氏、登場

ここで、電子機器メーカー営業部次長ウツギ氏（四六歳）にご登場願う。あるとき、ウツギ氏は業界の展示会へ行き、知り合った人々と名刺を交換し、その場にいた何人かと流れで飲みに行った。その中に大手電機メーカー開発部のカジワラ氏（四七歳）がいたとしよう。カジワラ氏は某企業のヒットメーカーとして業界では名の知られた人物だった。カジワラ氏とウツギ氏はその後も何度か展示会で会い、飲みにも行く関係になった。カジワラ氏はウツギ氏の人脈メンバーとして判断されるのだろうか。図4を利用して考えてみよう。

〈ケース1〉

ウツギ氏はカジワラ氏を自分の人脈メンバーと考える。これは、カジワラ氏がウツギ氏のために知恵を貸してくれたり、援助してくれたりという、いわゆる「一肌ぬいでくれるという期待」をウツギ氏が持った状態になっているということだ。図4で言えば、t_1の段階でt_2の二人の関係を予想し、カジワラ氏がウツギ氏に協力的な行動をとるだろうと期待している状態である。

〈ケース2〉

ウツギ氏はカジワラ氏を人脈メンバーと考えない。これは、将来においてカジワラ氏がウツギ氏のために働いてくれるという期待を持っていない状態を指す。同様にt_1時点でt_2のカジワラ氏の行動を予測して期待を持たない状態である。

ウツギ氏はどのようにしてカジワラ氏を自分の人脈メンバーと判断した（しなかった）のだろうか。

ウツギ氏の二つのステップ

時間の流れに従ってウツギ氏の思考を追ってみよう。ウツギ氏は、まず自分と相手の関係をさまざまな角度から評価検討する。これを「評価検討ステップ」と呼ぶことにする。ウツギ氏はカジワラ氏の性格、能力、カジワラ氏の置かれている状況や彼の持つ背景、カジワラ氏が自分に対して持っていると思われる好意の度合い、ウツギ氏の現状、カジワラ氏とウツギ氏の力関係など、さまざまな要素からカジワラ氏と自分の関係を総合的に評価する。

次のステップを「予測ステップ」と呼ぼう。図4で言うなら、t_1時点での評価をもとにt_2の状態を予測するわけだ。たとえば、ウツギ氏がカジワラ氏と何となくウマが合い、自分たちの業界なり日本経済なりの将来について語り合い、意気投合したとしたら、ウツギ氏はカジワラ氏に対して期待を持ち、人脈メンバーと考えるかもしれない。

しかし、もしカジワラ氏と飲みに行っても何となく距離を感じ、ウツギ氏にとって心地よいものではなかったら、ウツギ氏はカジワラ氏に期待を抱かないだろうし、カジワラ氏を人脈メンバーだと思わないだろう。また、ウツギ氏が他人にいっさい頼らない性格であったら、もしくは他人と必要以上に交流しない主義だったら、そもそも人脈メンバーという発想がないかもしれない。

相手を人脈メンバーと判断するかどうかは、相手と自分の関係を総合的に判断して、相手の将来の行動に対して期待を持てるかという点にかかっている。そして、そこに大きな影響を及ぼすのが個人の思考性向だ。t_1時点におけるウツギ氏の思考プロセスを図式化すると、図5のようになる。

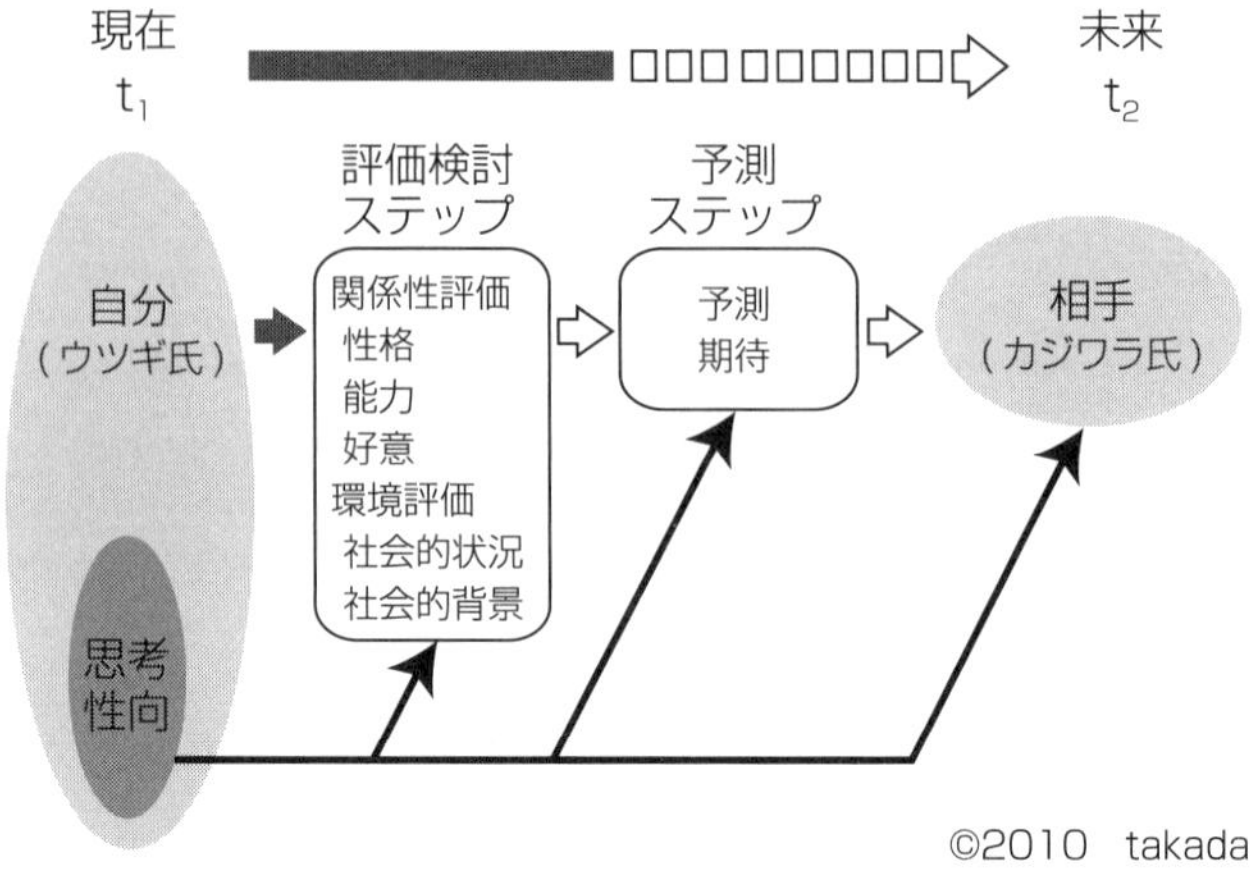

図５　t_1 時点での人脈メンバーの判断過程

ウツギ氏の思考性向

端的に言って、ウツギ氏がカジワラ氏を人脈メンバーと考えるかどうかは、ウツギ氏次第だ。そして、ウツギ氏の経歴や生育歴、生まれ持った性質などがこの予測に大きな影響を及ぼす。もしもウツギ氏が、よく言えば楽観的、悪く言えば読みの甘い人物だったら？　おそらく彼は、カジワラ氏と自分との関係を好ましいものと評価して、相手に大きな期待を持つだろう。つまり、カジワラ氏を自分の人脈メンバーだと判断するはずだ。仕事上の出会いだったとしても、相手が好意から自分を助けてくれるに違いないと期待する可能性が高い。この場合「自分と相手の関係の評価」、特に「相手が自分に好意を持っていると判断すること」がそのまま「相手の未来の行動に期待すること」の根拠になっている。また、相手に好意を強く感じなかったとしても、カジワラ氏が自分と「よい関係を築きたがっている」とウツギ氏が考えたなら、同じように将来の行動に期待を持つだろう。

もしも、ウツギ氏がエリート街道を走ってきた自信家で、そこそこ出世していて「自分ほどの人間を拒否する人は少ないだろう」と考えるタイプだったとしたら、彼はいつも他人の行動に期待を持つだろう。

反対に、ウツギ氏が慎重な性格だったらどうだろう。たとえば、その後ウツギ氏がカジワラ氏と、同じような機会で何度か顔を合わせ、プライベートでも食事をともにする。やがて彼は、カジワラ氏を信頼の置ける人物と評価するようになる。こうして長い時間をかけてカジワラ氏の能力を評価し、カジワラ氏の義に厚い性格を高く評価したときに初めて、カジワラ氏を人脈メンバーとみなすだろう。

では、ウツギ氏が他人に大きな期待を抱かない、他人を簡単には認めないという性格だったらどうなるだろう。カジワラ氏と数回会っただけでは大きな期待を持たないだろうし、たとえウツギ氏が親会社の社員という立場であったとしても、実際に何か助けてもらったとか、協力してもらったというような実例がないと、人脈メンバーと思うことは少ないだろう。ウツギ氏が過去に辛酸をなめた経験をしていたら、彼は人を信じることも任せることも人に期待することもしないかもしれない。このようなウツギ氏なら、人脈メンバーとみなす相手は極端に少なくなるだろう。

予測につきまとう影

思考性向に加えて、お互いが置かれている状況というのも大事である。カジワラ氏への個人的な評価が高かったとしても、カジワラ氏の会社が倒産の危機に瀕していたら、彼に対する期待が低くなることは間違いない。また、ウツギ氏の会社がカジワラ氏の親会社であり、ウツギ氏のほうがビジネス上の立場が圧倒的に上だったらどうだろうか。この場合、カジワラ氏の性格や過去の行動などは、あまり重要ではなくなる。自分と相手との力関係で評価し、相手の未来の行動を期待するだろう。

人脈を考える際に三つの悩ましいことがある。一つはこの思考性向の影響を受けることである。二つ目はそのとき置かれている状況の影響である。そして、三つ目に時間のギャップがあることである。ウツギ氏が行ったカジワラ氏への評価はウツギ氏個人のもので、ウツギ氏がカジワラ氏に「何かあったら自分は君を必ず助けるから、君も私を必ず助けてくれ」という相互扶助契約を結び、公式な同盟関係にあるわけではない。他人を自分の人脈と思うことは自由であるが、本当の意味での人脈か否かは実際に「相手が自分のために一肌ぬいでくれる」状態が発生するまで確認がとれない。t_1の時点で、相手の行動に対して自分が持つ期待によって人脈メンバーか否かについての意思決定が下される。これはあくまでもt_1の時点での予測であり、実際の実現可能性とは別問題である。自分が期待を持つ時点と、それが確認される時点では時間的なずれが生じているからだ。

「使える人脈」と「見極め能力」

ビジネスパーソンにとって、単に「あの人は私のために動いてくれるだろう」という期待を持つだけでなく、何かが起こった際に期待を実現してくれる可能性が高い人物を多く知っていることが重要になる。単純に言えば、ビジネスパーソンにとっての有効な人脈、いわゆる「使える人脈」は、「相手が自分もしくは自分たちの組織のために一肌ぬいでくれると期待することができ、期待が高い確率で実現する人々の集合」ということになる。

先ほどのウツギ氏の立場になって考えると、ウツギ氏が「使える人脈」を構築するためには、自分の期待に応えてくれる確率が高い相手かどうかを見極めることが重要となる。何らかの事態が発生したときにカジワラ氏が自分のために一肌ぬいでくれるかどうか、その実現確率を正確に見極める、もしくは今後の時間の流れの中で期待の実現確率が上昇する可能性があるのかどうかを見極めることも大事だろう。相手の未来の行動を現時点でさまざまな情報からなるべく正確に判断する力のことを、本書では「見極め能力」と呼ぶことにする。

当然のことながら、見極め能力が高い人が相手に持つ期待は、実現確率が高い。何かが起きた際に相手のとる行動が、自分が相手に対して当初持っていた期待の範囲内で推移することが多いからである。その結果、相手の行動がある程度まで自分の読み筋通りとなる。一方で、見極め能力の低い人の場合は、良い意味でも悪い意味でも相手の行動が自分の期待を超えた範囲で推移するため、結果的には読み間違えることが多い。

こうして、正確な見極め能力を持つことこそが、有効な人脈、使える人脈を構築するために重要だということになる。よく「私には人脈がある」「あの人知っている」「あの人は私の友人」と吹聴《ふいちょう》していて、実際に事が起きるとそうではない人を見かけるが、彼らこそ典型的な見極め能力の低い人である。自分の相手と環境への判断が甘いのか、それとも思考性向が現実から離れて楽観的なのかのどちらかだろう。

社会的知性

山岸は「社会的不確実性が高い状態では他者の信頼性を見抜く能力が必要とされる」と言い、見極め能力が情報処理にかかわる重要な能力の一つであると指摘している(18)。相手を見極めるということは、相手が信頼できないという疑念を抱くきっかけになるような情報を敏感に見抜くことであり、同時に相手の立場に身を置いて相手の行動を予測することでもある。これらをまとめて、山岸は「社会的知性(19)」と呼んでいる。

ビジネスパーソンにとって、見極め能力とはどのようなものなのだろうか。相手の行動を正確に見極めるためには、何が必要なのであろうか。見極め能力の正体は何で、人間のどの部分を磨くとこの種の能力は強化されるのだろうか。そして、いわゆる使える人脈を持つ人は、どのようにして見極め能力を研鑽《けんさん》してきたのであろうか。これらの疑問に答えるために、いくつかの調査を行った。その結果を次章以降で説明していきたいと思う。

閑話休題——受け継いだ人脈と地位の人脈

読者の多くが興味を持っているのは、ビジネスの現場で自分の手で一つ一つ作っていく人脈だろう。しかし、現実にはあまり努力することなしに人脈を手に入れることが可能な場合もある。

一つは親の人脈が使える場合だ。これはよく「あの人は育ちがよいから、いろんな人を知っている」という言葉と一緒に使われる。次に社会的地位が高くなったときに得る人脈だ。これらは自分の努力なしに（高いポジションを得るためにはそれなりの努力が必要だが）「もれなく」ついてきたという要素が強い人脈である。

親の人脈、一族の人脈

世の中には、生まれ落ちたときから人脈を持っている幸運な人がいる。「家」や「血縁」としてのつながりがある場合である。この人たちは、一からすべての人脈を作らなくてはいけない一般の人よりも、はるかに恵まれた位置から人脈作りを始める。

親の人脈が使えるケースは、評価検討ステップの段階で、自分のみならず家族など自分の周りの人も含めた評価軸で相手を評価していることがわかる。もちろん、ここでも思考性向の影響を大きく受ける。もしも当人が「親の知り合いに頼むのは意地でも嫌だ」という思考性向を持った人物であれば、親の知り合いは自分の人脈メンバーと考えないだろう。そうでないなら、親の人脈メンバーを代用して自分の人脈メンバーと考えるだろう。

相手と本人との間に共通の時間や達成感がなかったとしても、家族と相手との間に無条件に担保と

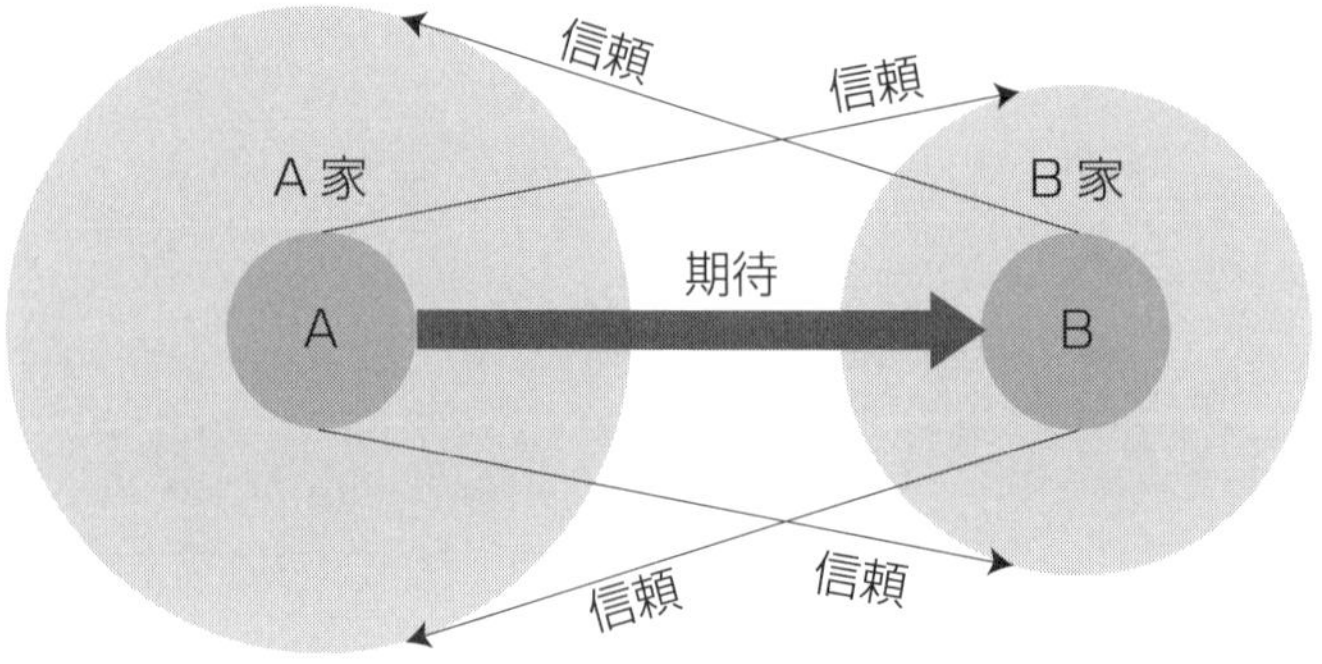

図6　期待と信頼

なりうる強い関係があれば、それを享受し後継することが可能な場合も往々にしてあるのだ。

これは相手の立場から考えるとわかりやすい。図6を見てみよう。Aを名家の跡取り、BをAの親の友人の有力者としよう。AはBが一肌ぬいでくれるという行動に対して期待を持っている。BがAに対して一肌ぬごうと考える理由の一つに個人に対してだけではなく、Aが属している家族に対する信頼が担保になっている。ここで言う信頼とは「相手が自分を陥れるようなことはしないだろう」という、相手の行動に対する期待を持っている状態だ。

これはおそらくAにとっても同様で、少なくともAがBのことを人脈メンバーだと思う際の基盤として相手とその家族に対する信頼があるのだろう。この種の信頼関係が個人対個人ではなく、家族対家族という大きな枠組みの中で成立し、Aの家族が長い歴史の中で培ってきた信頼の恩恵をAが受けている。

図6のような関係を持っていることは、非常に幸運なことかもしれない。家族という血のつながりを持った者だけでなくて

も、たとえば昔からの同族企業で先代にお世話になったからという理由で、その息子が取引先から同様の恩恵を受けるということもある。ひょっとしたら、企業でも誰かの部下としてそのチームにいたということで恩恵を受けることもあるかもしれない。

地位は人を呼ぶ

もう一つ、一肌ぬいでくれる人が現れるケースがある。当人の地位が高い場合である。地位が高くなると多くの人が近寄ってきてさまざまな恩恵にあずかるという話は、珍しいことではない。ただし、地位による恩恵を利用するかどうかは本人の思考性向の影響を大きく受ける。

先のウツギ氏と外資系の巨大企業の営業本部長であるクワバラ氏とのケースを考えよう。ウツギ氏の会社はクワバラ氏の会社に技術提供をしており、手を組んで中国市場に進出しようという思惑がある。ウツギ氏とクワバラ氏は何度か食事をともにしたことがあり、クワバラ氏はウツギ氏のことを「一声かけると自分のために集まってくれる仲間の一人」と考えているとしよう。

図７は二人の関係を模式化したものである。

二人の関係は、当人同士というよりも相手の所属する組織から得る利益に対して期待を持つことで成り立っている。相手個人に対しても好意はあるだろうが、相手が自分のために一肌ぬいでくれるだろうという期待の大部分は、相手の所属している組織への期待だ。

クワバラ氏の言う「一声かけると集まってくる」相手はクワバラ氏を見ているのではなく、多くの

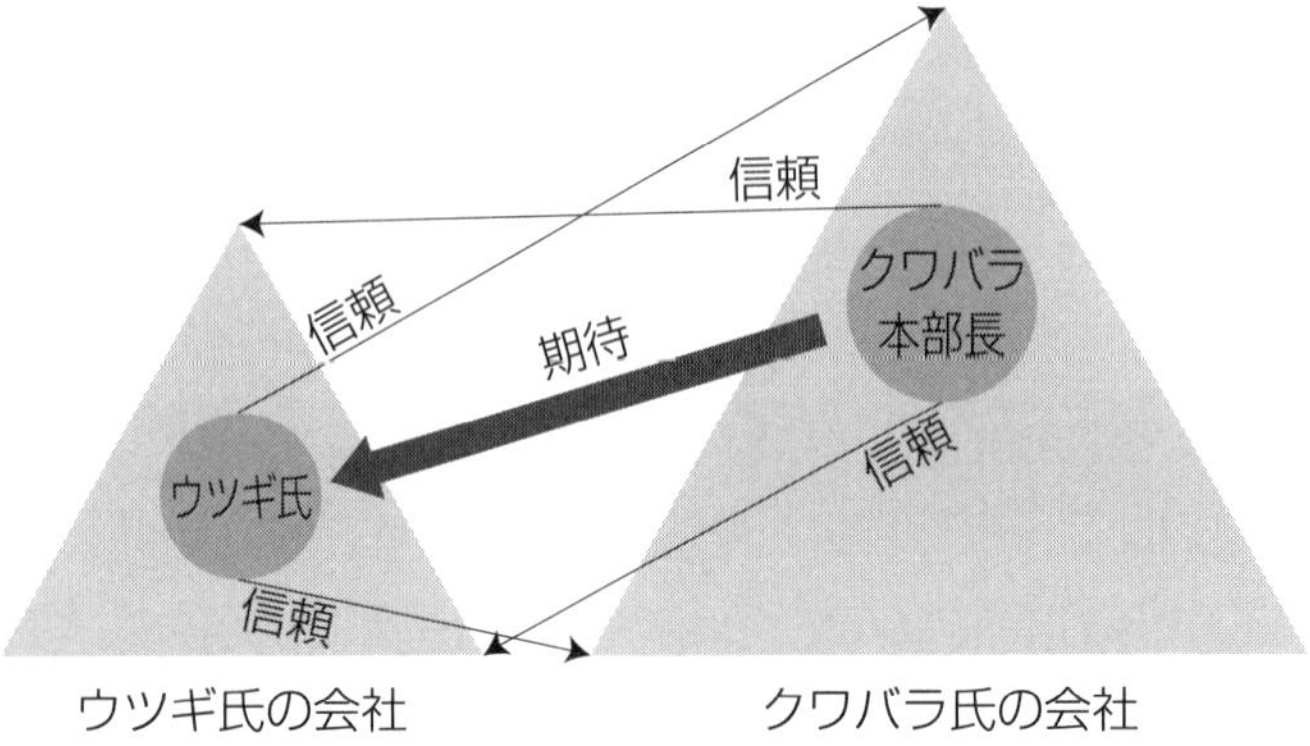

図７　二人の関係

場合クワバラ氏の役職が持つ力に注目している。その担保となる信頼、つまり「相手が自分から搾取する意図がない」という確信は、クワバラ氏が某社の要職であるということと深く関係している。

ウツギ氏は、将来もっと親密に取引したいという下心があるクワバラ氏に対しては「搾取する意図がない」のである。両者の間にある信頼は個人対個人の信頼というよりも、相手の所属する企業に対する信頼と考えたほうが無難だろう。

犬に権力を与えれば…

地位がもたらす力に人が群がってくるのは、古くから知られた人間の摂理だ。シェイクスピアは『リア王』の中で「犬に権力を与えれば、人はたとえ相手が犬であっても従うのだ」[20]と言わせている。先ほどのケースでは、相手との間に共通の時間を過ごしたことがない。相手がどこの会社に勤めていて、何をしていて、何を求めているのかを知っているだけだ。繰り返すが、これは個人への信頼というより、相手の会社への信頼であることが多い。

社会的地位が高くなると、それに応じて出会う人も意思決定に携わるような高い地位の人々が多くなり、彼／彼女たちとの交流で雪だるま式に多くの人脈を持つようになる現象は、身の周りでも見ることができるだろう。

はっきり言ってしまえば、相手に対して一肌ぬぐことの見返りに、相手が何らかの恩恵を自分に与えてくれるだろうと強く期待する人が多くなるということだ。いわゆるギブ・アンド・テイクの関係を相手に求めているのだ。

見方を変えると、相手が自分のために一肌ぬいでくれるだろうと考えることは、その見返りとして自分が相手に何らかの恩恵を与えることができると考えることが前提にある。遠くない将来にギブ・アンド・テイクのサイクルが回り、その恩恵を受けることが期待されている。

しかし、これが長続きするとは言い難いし、その人がその地位から離れたときに人脈メンバーであり続けるかというと、何とも言えない。実際のところ、このような地位に根ざした人脈は、その基盤が地位にあるために限定的で短期的であることが多い。ギブ・アンド・テイクが基本の関係なので、目に見えるかたちで素早く恩恵を与えられなくなると途端にその関係が消滅するのも、当たり前と言ったら当たり前なのかもしれない。

いずれにせよ、地位によって得る人脈メンバーというものもあり、有効に機能することは間違いない。しかし、その永続性となると、それぞれだとしか言いようがない。その地位を離れたときに、本当の意味での自分の実力を知るのかもしれない。

何度も言うように、筆者は自分の力で人脈を作り上げるためのお手伝いをしたいと考えている。親の七光り人脈や、地位がもたらす取り巻き人脈については、積極的には取り上げない。むしろ、本書を通じて人脈の基本構造を知ることは、どうして七光り人脈が役に立ったり立たなかったりするのか、どうして取り巻き人脈は自分が困っているときほど役立たないのかなどについて、読者なりの解釈を可能にしてくれるだろう。

注

（1）記事データベース「聞蔵Ⅱ」朝日新聞社にて検索。
（2）「日経テレコン21」日本経済新聞社にて検索。
（3）「雑誌記事索引集成データベース」皓星社にて検索。
（4）安田（二〇〇四）を参照。
（5）Milgram（1967）を参照。
（6）Grancvetter（1973）を参照。
（7）Coleman（1988）を参照。
（8）Burt（1992）（安田雪訳（二〇〇六）『競争の社会的構造——構造的空隙の理論』新曜社）を参照。
（9）「遠方の人間」とは、物理的に距離が遠い場所にいる人間のほかに、社内など自分の身近な生活の中にいる人間のみではなく、異業種、異なる年代、人種、性別など自分と相手との社会的な距離が大きい人々を指す。
（10）Watts and Strogatz（1998）を参照。
（11）ちなみに、Watts and Strogatz（1998）以降のネットワーク論の発展の時期と、マスコミ上で人脈という言葉が多用され始めた時期はほぼ重なる。

(12) たとえば、Barabassi (2002) や Newman (2002) など、現実社会に見られるさまざまなネットワークの特徴の解明に関する多くの優れた研究がなされ、ネットワーク理論として一分野を確立している。また、高度なシミュレーションが可能になったことも相まって、ネットワークの研究は情報科学、数学、複雑系、経営学その他さまざまな研究領域においても関心の中心となっている。さらに経営学の分野でも、組織間のネットワークという観点から西口（一九九六、二〇〇七）はアイシン精機が不慮の火災から短期間で復興を遂げた原因の一つとして、それまで同社と取引はなかったものの研究会などで同社の社員と顔見知りであった他社の人々が、火災時に援助・協力体制を自然発生的に作り上げたことを指摘している。さらに Fleming and Marks (2006) は、シリコンバレーにおけるイノベーションの源泉が企業の境界を越えた人間のつながりにあるとした。

(13) たとえば若林（二〇〇六）、増田（二〇〇七）など。

(14) Rotter (1970) を参照。

(15) Rotter (1967) を参照。

(16) 山岸（一九九八）。山岸は信頼と安心を分け、リスクのある中で「相手が自分を騙《だま》すことがないだろうという期待」を持つことを信頼と呼び、閉鎖的な集団の内部で「相手が自分を騙すことがないだろうという期待」を持つことを安心と呼んだ。信頼は相手が信頼に足る人物かどうかを自分が見極めて、そのうえで相手に期待するとしている。一方で、安心は相手よりも相手がコミットメントしている環境に対しての信頼である。現在の環境下で相手が自分のことを裏切ると、相手の不利益になるので裏切らないだろうという期待である。

(17) 増田（二〇〇七）を参照。

(18) 山岸、同前。

(19) 山岸、同前。社会的知性とは、日常の社会的な関係の中で自分を含め人間をうまく扱うのに必要なスキルとしての知性のこと。くわしくは、Sternberg (1986) を参照。

(20) ウィリアム・シェイクスピア／福田恆存訳『リア王』（新潮社）。

第3章

デキる人の人脈

考えたこともありませんか?

「デキる人」を探せ！

「仕事がデキる」人たちは、どのような人脈を持っているのだろうか。そして、どのようにしてその人脈を築き上げてきたのだろうか。本書を手にした読者の多くは、まさにこの点に関心があるはずだ。本章では、ビジネスパーソンに対して筆者が行ったインタビュー調査の結果を紹介しよう。

調査にあたって、筆者は最初に「デキる人」の選抜にとりかかった。調査方法・対象者の属性に関する詳細は章末の資料にまとめてあるが、ここでも読者がインタビューの対象者をイメージできる程度に紹介しておこう。

選抜条件は次の三つを満たしていることである。

① 東京証券取引所第一部上場企業、もしくは非上場であるが「大学生就職希望ランキング（リクルート調べ）」にランクインしている企業で働いている人であること。
② 「仕事がデキる」と人事部もしくは現場の課長から評価を受けている人であること。
③ およそ三一・二歳から四五・六歳までのビジネスパーソンで、部下がいること。

なるべく業種が集中しないように、そして各業種の中でもトップもしくはトップに近い企業に対象を絞《しぼ》り、該当者を紹介してもらった結果、一三社三六人（男性二三人、女性一三人）から話を聞くことができた。

念のために言い添えておくと、この条件を満たしていない人々の中にも「デキる人」は山ほどいるだろうし、条件に該当する人々の中から統計的に適切な手続きでサンプルを抽出したのでもない。しかし、この二つの条件を満たしていれば、少なくとも「仕事がデキる」人として本書で参照するには十分ふさわしい人たちだと言えるだろう。第1章でも述べたように、非の打ちどころのない統計処理をすることではなくて、これらの人々の生の声を聞くことに重点を置いている。有益な示唆を得るのに必要な人々が、必要な人数だけいればよい、というのが本書の姿勢だ。

「デキる人」には人脈がない!?

インタビューの最初に、「デキるビジネスパーソン」と言われている人々が自分の人脈をどう評価しているのかについて調べることにした。

質問　「あなたは同僚や身近な知人と比べて、人脈が多いほうだと思いますか？」

すると、最も多かった第一声は「じっくり考えたことがありません」だった。

不思議に思い、重ねて聞くと「人脈という言葉は人を利用するみたいで嫌だ」「自分にとって得になるかどうかという目で相手を見たことがない」といった答えが返ってきた。つまり、「人脈」という言葉は彼／彼女らに何やら功利的なものを思い起こさせ、「人脈を考えるのは人間として嫌らしいことだ」という意識が働いたようだった。対面調査という方法が影響したのかもしれないが、人脈という言葉はネガティブ（否定的）なイメージでとらえられており、その響きに対する一種のアレルギー反応のようにさえ感じられた。

そこで今度は、ビジネスパーソンの人と人とのつながりについて調査していること、そしてこの調査では、「自分のために一肌ぬいでくれる人のことを『人脈を構成する人（＝人脈メンバー）』と呼ぶことにする」と言葉の定義について時間をかけてていねいに説明したうえで、あらためて自分の人脈について語ってもらった。

興味深いことに、このプロセスを経ても三六名のビジネスパーソンのうち、「自分は人脈が広い」と自己評価した者は五名だけ（すべて男性）だった。彼らの多くは人脈について積極的に考えたことがなく、たとえ「人脈を作らなくては」と心のどこかで思っていても行動に移すことは少ないという。

「自分は人脈が多いほうではないと思います。どちらかというと、自分から積極的に話しかけるタイプでもないですし、会合やパーティーでも飲み食い専門です。積極的に名刺を配ってる人を見ると、すごいなあと感心します。わかるんですよね、話しかけるタイミングを見計らっている感じが。僕はあまりパーティー好きではないです。人見知りというわけではないですが。社内の人間ですか？　長いですからねえ。それなりに多くの人を知ってはいますが……。そう考えると、狭い世界で生きている気がします。一肌ぬいでくれる人……社内の人が多いかなあ」（食品／男性）

「私は仕事をすることで相手とつながることが多いです。仕事という共通の話題がないとあまり話せないです。そのプロジェクトなり何なりをやっている間はいいのですが、その後長いつきあいになるかというと、なんともわからないです。何かあったら助けてくれるかな、という感じはしますが。ふだんそんなことを考えないから、わからないです」（建設／男性）

これが、「人脈が広いほうではない」と自己評価している人の代表的な回答である。この種の発言は内容から大きく二つに分類できる。一つは「自分は深くつきあう人がいるが、人脈としては多くない」という人。もしかすると、人脈メンバーだと認知するための「見極め」基準が厳しい人なのかもしれない。もう一つは「自分は積極的に異業種の人と交流していないので、人脈も広くない」という人。つまり、自分のイメージする「人脈の広い人」は他分野の人々と多く交流を持っている人物のことで、そのイメージと自分とを比較している人である。いずれにせよ、多くのビジネスパーソンは自分の人脈について高く評価しようとはしなかった。

しかし、さらにくわしく聞いてみると、明らかに彼らは深くつきあう人々以外にも多くの人を知っているし、かかわりを持っている。それにもかかわらず、彼らはそれを自分の人脈だとは思ってはいなかった。多くのビジネスパーソンは、必要性に駆られたときに初めて、他人を人脈という視点で再考するのかもしれない。何かに直面して自分の人脈を意識し、他人に対して期待を抱くのだろう。インタビュー時の彼らは他人の未来の行動に対して期待を持たなくてよい状態だったので、他人に対して特に期待も持たないし、他人を人脈として意識したり評価したりもしない。必要に駆られていないがゆえに自分の人脈については深く考えず、「自分には人脈がない」と自己評価したのだろう。

一方で、「人脈がある」と答えた人の典型的な発言を紹介しよう。

「私は営業出身なので、多くの人をもちろん知っています。なるべく多くの人と交わるようにしています。特に誕生会だのお祝い会だの、プライベートの会に出ることで多くの人と知り合おうとしています。面倒くさがっていた時期もあったのですが、現在のポジションになってから時間の許すかぎり出ています。その意味では人脈と言えるかどうかわかりませんが、広いほうだと思います」(商社／男性)

人脈があると自分を評価している人に共通していたのは「自分から意識して、多くの他人と交わる時間を作っている」ということだった。この男性の場合、人とつながること、人と知り合うことの重要性を意識して行動していることがわかる。「昔から積極的に人脈を作ろうとしていたのか」と問うと、少し考えたあとに「最近（役職が上がるにつれて）意識するようになった」と答えた。

自分のことを「人脈メンバーが多い」とみなしている人には二つの特徴がある。一つは自分が持っている、もしくは持ちたいと思っている人脈について、はっきりしたイメージを持っていること。二つは他人との関係を広く構築しようと自発的に行動していること。言い換えれば、人脈というものの重要性を常に意識していて、自分の人脈を拡大するための行動を心がけているのだ。

筆者がインタビューをした「人脈メンバーが少ないと答えた人々」と「人脈メンバーに恵まれていると答えた人々」は、双方とも同じように周囲からビジネスパーソンとして高く評価されている人たちである。どちらかが極端に人とつながる能力が高いとか、どちらかが極端に人見知りをするなどの差異は、インタビューからは感じられなかった。むしろ、本人が自分の周りの人々に対して、相手が自分のために一肌ぬいでくれるという期待を持ちやすいかどうかという個人の思考性向の影響が大きいように思われた。

人脈が広い人は「三高」の人!?

どうやら、彼／彼女らは（筆者もだったが）「人脈が広い人」について特有のイメージを持っていて、それが自己評価にも影響を与えているのではないだろうか。そう思った筆者は、次に彼／彼女らが「人脈が広い人」についてどのようなイメージを持っているかを探ることにした。

質問「あなたの周りで『あの人は人脈が広い』とあなたが思う人を頭に思い浮かべ、あなたが彼／彼女を『人脈が広い』と思う理由を教えてください」

具体的な人物を思い浮かべ、描写してもらうことで、「人脈の広い人」のイメージを明らかにしようというわけだ。回答者たちは、一人当たり平均二名、合計で七三名の人物を挙げ、その人と自分の関係、その人の行動、人となり、その人に対する自分や周囲の評価などを語ってくれた。

- ✓ 誰とでもすぐ仲よくなれる。
- ✓ フェース・トゥ・フェースで話をすると、相手を惹きつける。
- ✓ 人間として魅力的で、プライベートまでつきあいたいと相手に思わせられる。
- ✓ 社内や業界の細かい情報まで知っている。
- ✓ 飲みに行く頻度が高く、アフターファイブにつきあいをする。
- ✓ 仕事全般が非常にできるので、自然に情報と人が集まってくる。
- ✓ 分析力など特定の能力がずば抜けているので、周囲に人が集まる。

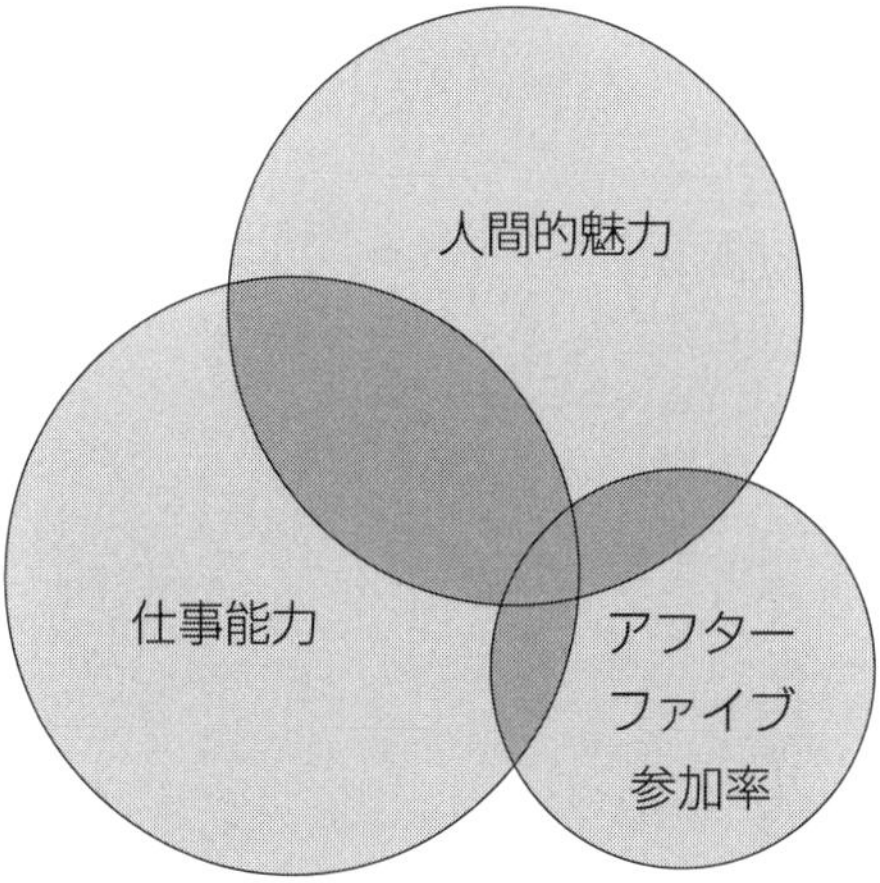

図８　三つの分類

　ここで語られた人々は、まさに七三人七三色であり、決して一つのステレオタイプに収まるようなものではなかったが、それでも彼らの特徴を根気強く整理していくと、「さもありなん」と思えるような共通の特徴が浮かび上がってきた。ただし、これら「人脈の広い人が持つ共通要素」は、一人で全要素を備えているというよりも、どれか一つもしくは複数の組み合わせを持っていた。

　これらを大きく、人間的魅力度が高い、仕事能力が高い、アフターファイブ参加率が高い、の三つに分類することにした（図８）。

人間的魅力がある！

　インタビューした三六名のうち二九名までが、開口一番、「人脈が広い」人々の人間的魅力について語った。共通する言葉は「信頼できる」「裏切らない」「相手を育ててくれる」「自分に厳しい」「一緒にいると自分にとって非常に勉強になる」などである。彼らが挙げた人脈の広い人の例七三名のうち、その人の性格や性質が人脈の広い理由と関連していると言われたのが六七名。つまり、名を挙げられた人たちの大多数は、その人の人間的魅力が他人を惹きつける最大の要素だと思われているわけだ（残りの六名は性格や性質以外のことで他人を最初に惹きつけていると表現されていた）[1]。

一方、その人が外向的・社交的かどうかとなると、意見が分かれた。「外向的で人と話すのが好き」「一緒にいるとこちらまで楽しくなる」というタイプは三一名。意外なことに、「人脈が広い人」は必ずしも外向的な人とは言えなかった。

「人脈のある人ということでは、私の昔の上司Aに勝る人に今までお目にかかったことがありません。彼は自分にも他人にも厳しい人でした。彼の前にいくと背筋がピーンとなった記憶があります。私も若かったですし。……Aさんが外向的だったか？　うーん、内向的でないのは間違いないですが、誰とでも仲良くできるというタイプではなかったですね。ただ、必要なときに必要な人を紹介してくれる、必要な情報がとれる場所を示唆してくれるという点ではすごいです。彼の紹介や示唆で何を聞きに行っても『ああ、Aさんのところの……』と好意的に扱ってくれました。本人はかなり無愛想なおじさんなんですけどね」（IT／女性）

「一言で言えば、チャーミングな人です。どこか惹きつけられるというか。何となく一緒にいたくなるというか。それは、彼が仕事に対して誠実だからだと思います。とっつきは悪いので、初めて会ったときは『この人、無愛想だなあ』と思いましたが。一緒に何か仕事をすると、じわじわと惹きつけられます」（商社／男性）

もちろん、外向的で誰にでも積極的に声をかけ、人と人をつなげるという行為そのものが好き、というタイプの人も挙げられた。彼／彼女を特徴づける言葉は「人と話すのが好き」「物怖《ものお》じしない」「積極的」「明るい」「何となく関係が続く」など。金融業界の男性が語った次のような人物が典型だ。

「同期のライバルというか、一目置いている彼には、人脈という点ではかなわないと思います。証券会社ですから、いろいろな人とお目にかかるのが仕事です。ただ、ご存じのとおり転勤が多いですから、一つのお店で非常によいおつきあいをしていたとしても、普通は転勤して終わりです。個人のお客様はもちろん、法人のお客様でも。金融機関ですから、深くつきあうということは基本的にないです。社内の人間とも同じです。現地採用の社員とかとは転勤して（関係も）終わり、ということが多いです。でも、彼は違うんですよね。全員ではありませんがキーパーソンとは何となくつきあいが続いている。彼は非常にアウトゴーイングですし、相手の懐に飛び込むのがうまいというか。それが彼の魅力だろうな。明るいし、お酒も大好きで。そうかといって、知り合った人を一人で抱え込むのではなくて、周りの人にも積極的に紹介しますし。正直、あいつはすごいと思います」

仕事がデキる！

人脈の広い人七三名のうち七二名が「仕事能力が高い」と評価されていた。調査の趣旨からも、仕事がデキる人の周りに多くの人間が集まるのは、当然と言えば当然かもしれない。(2)

「人脈の多い人というと、真っ先に頭に思い浮かぶのが私の上司です。彼は会社の人とアフターファイブに飲みに行くことはほとんどないと思います。その意味では、部下のマネジメントをしているかというと疑問符が付きます。しかし、彼は卓越した分析能力と先を見通す力があるっていうか、仕事のセンスがよいというか……。それで、一目置かれています。だから、彼のところには情報が集まってきますし、人も集まってきます」（食品／男性）

「仕事能力が高いというのが必須でしょう。仕事のできない人のところには、情報も人も集まってきません。仕事能力の高い人は情報収集能力も高いです。自然と（人と情報が）集まってくる。仕事を完遂するために本人もキーパーソンにアクセスするし、キーパーソンもその人を大事にする。いい関係ができるんだと思います」（サービス／男性）

インタビューをしていて気づいたのだが、彼／彼女らが「仕事能力が高い」人を描写する際、必ずその人の特徴の一つに「情報収集能力の高さ」が含まれている。地位の高さではなく、積極的に情報を取りに行く姿勢が重要だと思っているようだった。

「彼は『私はこう思う。これについてあなたの意見が欲しい』とはっきり言います。彼の考えていることが最初に明確になっているので、聞かれたほうも答えざるをえなくなります。フットワークが軽く、どこにでも意見を聞きに行きます。それが彼の人脈の豊かさの秘訣だと思います。見習いたいと思いながら、なかなか……」（食品／男性）

豊かな情報源を持つということは、言い換えれば多くの人とのつながりを持つということだ。個人がそれぞれ持っている情報にアクセスできれば、「三人寄れば文殊《もんじゅ》の知恵」も実現する。個人がさまざまな知恵袋を持つことになる。相手が自分の情報を出すかどうかについては相手の判断によるだろうが、「人脈が広い」とみなされている人は、情報の引き出し方もうまいようだ。

同時に、仕事能力に関連して多くの人から「キーパーソン」「キーマン」という言葉が聞かれた(3)。うまく仕事をするためには組織の中で意思決定の鍵を握る人物が誰であるかを発見することが大事であり、彼／彼女を初期の段階で明確に見極めることが仕事の成功につながるという。キーパーソンが誰なのかを正確に見極めること、そして彼／彼女にアクセスし関係を構築できること。この二つが、

「人脈が広い人」の重要な要素だと思われているわけだ。

アフターファイブもそれなりに

人脈の広い人七三名のうち六〇名が、アフターファイブで「仕事外の宴席・酒席を自分から催し、また呼ばれれば参加することが多い」と評価されていた。もちろん、人脈の広さとアフターファイブにつきあうことは直接関係ないと考えている人もいたが、「人脈が広い」と思われている人の多くは仕事の関係者と仕事外でも食事などの機会を自発的に設けている。社費（接待費）によるものも含まれるが、いわゆる「割り勘」であっても自腹で人と食事に行くことが多いようだ。

「結局のところ、飲みに行くのがつながりを作るのに一番だと思います。仕事だけではわからないことも多いですし。……彼の場合、アフターファイブで飲むのも、接待や義務みたいな感じはなくて、『あいつとだったら楽しい時を過ごせるな』という予感を相手に持たせられる。それが彼の魅力の一つなんだと思います」（金融／前出）

もちろん、終業後のつきあいのよさだけで、人脈が広いと評価されているわけではない。仕事の能力が必須条件で、そのうえアフターファイブのつきあいが重要と考えられていた。「アフターファイブだけで人脈を作れるなんて幻想だと思う」という声も多く聞かれた。あくまでも、アフターファイブのつきあいというのは、副次的な要素なのかもしれない。

アフターファイブのつきあいを重視しないと評価されていた一三名については、「仕事とプライベートをきっちり分けていて、それでも多くの人とつながりを持っているところが素晴らしい」「(自分のような)仕事の同僚とのアフターファイブを重視しないだけで、ほかの業種の人とは行っているのかもしれないが……」という声もあった。加えて、女性の場合「家庭があるのでアフターファイブは物理的にあまり数多く行けない。しかしその分ランチを多くの人ととるようにしている」という声も上がった。

人脈メンバーってどんな人?

さて、ここまで、周りから「仕事がデキる」とみなされている人々が、自分の人脈をどう評価しているか、そして「人脈の広い人」とはどんな人だと思うかを聞いてきた。そこで、いよいよ彼/彼女自身の人脈(人間関係)について質問してみたい。

先に述べたとおり、本書では人脈について「自分のために一肌ぬいでくれる人のことを『人脈を構成する人(=人脈メンバー)』と呼ぶ」と定義している。ここで「一肌ぬぐ」とは、「相手が自分を助けるための直接的な行動をとる」もしくは「情報や知恵を与える」というほどの意味である。

すると、「一肌ぬぐ」ためには、(1)**助けたいと思う気持ち**(意思)と(2)**助けるための能力**の二つがともに必要で、さらに能力には、**(2A)みずからが問題を解決してあげる能力や手段を持っている場合（第1章で援助行動要素と名づけた直接的援助）**と、**(2B)自分自身には助けてあげる能力はないけれど、問題を解決するための情報や知恵を持っている場合（知恵袋要素と名づけた間接的援助）**とがあることがわかるだろう。問題を直接解決してくれる人たちで自分の周りを固められるなら、相当に強力な人脈を持っていることになるが、映画ならともかく現実世界ではそんな人はまずいない。自分がこの先どんな難題に出くわすかなんて、わかりようがないからだ。そこで、人脈作りでも、必要な情報や知恵をくれる人、「知恵袋」が重要になるというわけである。

仕事の相談相手は誰？

質問　「あなたが仕事のうえで困ったときや他人の意見を聞きたいときに相談する、家族以外の人を挙げてください。何人でも結構です。頭に浮かんだ順番に、その人とあなたとの関係を教えてください」

さて、相談相手として最初に頭に浮かぶのは誰か？　この問いに、三六名中三一名が現在（もしくは過去）同じ会社にいる（いた）元上司や先輩を挙げた。残り五名のうち三名は一緒に仕事をしたことのある他社の人、二名はビジネススクール時代の友人で他社に勤務している者を挙げた。二人目、三人目に浮かんだ相手も同様だった。ただし、二人目からは過去に同じプロジェクトに携わったことのある他社の人も登場してきた（三六名中一九名）。そして四人目以降になると、大学や大学院の同期など、会社と無関係な人々も出てきた。

「いつもではありませんが、相談する相手は昔の上司です。自分から何となく連絡をとって話を聞いてもらいます。反対（上司が自分に相談してくること）はほとんどありません。今は関連会社に出向していて、仕事上のつながりはまったくないのですが、自分が抱えている案件で悩んだときやキャリア上の問題など、必ずと言っていいほど、人生の節目では彼の意見を聞いた気がします」（ＩＴ／女性）

「人事部時代の上下三～四年くらいの先輩・後輩と非常に強いつながりができています。人事部で他社との勉強会があり、いろいろな会社からほぼ同年代の人事担当者が集まっていました。あのときの仲間は、いまだに特別なつながりがあります。今は人事とは直接関係ない部署にいる者が多いですが、異動の際にはお互いにメールをするし、何かの節目や誰かがいい仕事をしたと伝え聞いたときに必ず集まります。相談するときもその中のメンバーが多いです」（商社／男性）

特徴的なのは、仕事関係者、特に社内の関係者が圧倒的に多いことである。筆者は、いわゆる「仕事のデキるビジネスパーソン」のイメージとして、社内も社外も同様に多くの人脈を持ち、さらには仕事と関係のない人々とも豊かな関係（週末座禅に通うお寺の和尚《おしょう》さんとか、子供のＰＴＡで知り合った映画プロデューサー、ボランティア活動で知り合った地元の陶芸家とか……『日本経済新聞』のコラムに出てきそうな多種多様な華麗なる（？）つながりを築いて、週末は庭でこれらの人々とバーベキューパーティーをしていると勝手に想像していたが、インタビューをした相手は予想に反して仕事関係中心、平たく言えば社内依存のネットワークを形成していて、その種のバラエティは少なかった。華麗で多種多様というより、会社を中心とした同質性の高いつながりだった。

プライベートの相談相手は？

質問　「あなたがプライベートな問題を相談する相手は誰ですか」

次に仕事から離れて、個人として心情的に近く感じている人との関係について質問してみると、三分の二にあたる二四名が社内もしくは昔同じ会社に勤務していた人を挙げた。つまり、プライベートでも社内を中心としたネットワークが大きく占めているのだ。

考えてみれば、日頃から頻繁に接触している相手、プロジェクトなどで多くの時間と空間を共有した相手はお互いによく理解しており、相談した際に返ってくる助言の多さ・深さについても簡単に予測がつく。おそらく、自分なりに納得するアドバイスをくれるだろうと期待できる相手だ。こうした予測（期待）ができる人物がプライベートでも相談相手として選ばれるのは、ある意味では自然なことなのかもしれない。

一方で、社外の者を挙げたのは三六人中一二名だった。内訳は、高校・大学・大学院の友人、社外研修で出会った友人、同業他社のつながりで知り合った友人など。特に学生時代の友人では、運動部など厳しい練習をともにした友人を挙げた者が二名いた。

情報収集は社内六：社外四

質問「ビジネス上で情報を得る必要があったときに、質問に答えてくれる人は社内と社外でどのくらいの割合ですか」

情報収集の相手について社内外の割合を尋ねた（関連会社は社内とみなした）。一番多かったのは、社内六割：社外四割（二六名）。ただし、社外の情報源の中には、「現在は退職しているが以前に同じ会社で働いていた」とか、「同業他社だが会社横断のプロジェクトで一緒だった」という者も多数含まれているため、どちらかというと社内寄りの傾向がある。ただし、情報源が社内外のどちらに多いかを本人が強く意識しているということはなかった。今回のインタビュー対象がいわゆる大企業中心だったことも影響しているかもしれない。ただ「情報を得る相手」として共通しているのは、社内外を問わず、事業プロジェクトを一緒に行ったなど、苦労をともにした人だったことだ。

育ての親は人脈にあらず?

質問　「あなたをビジネスパーソンとして成長させてくれたと思う人について教えてください」

挙げられた人数は、一人当たり平均で二・三名、最も多い人で四名、少ない人で一名、延べ七八名。面白いことに、全員が入社一～五年目までのキャリア初期に同じ会社で働いていた上司・先輩を挙げた。彼／彼女についての共通の表現は「仕事の取り組み方や姿勢を教えてくれた」「厳しかったが、一皮むけた」「真剣に自分のことを考えてくれていた」の三つだった。次に多かったのが「お客様」で三四名中二五名、そして八名が同業他社で一緒に仕事をした相手を挙げた。

「なんと言ってもお客様です。私は営業畑一筋ですから、お客様によって今があると言っても間違いないです。異動する先々で扱う商品も違いますし、お客さんによって求める商品や知識のレベルも違います。勉強は当然ですが、相手が何を求めているのか、どうすれば自分と気持ちよく取引してくれるのか、手探りで探し当てていくプロセスがよい経験でした。お客さんに尽くして、初めて高い（証券取り扱い）手数料がもらえるのだと思っています。涙が出たことなんて数え切れないほどあります。株価のボードを見るのが怖かったことも。何度も辞めようと思いました。怒られたり、損をさせたり、逆にもうけてもらったり……。一つ一つが現在を作っているのだと思います」（金融／女性）

「新規の大型スーパーができると、開店に向けて食品会社同士で新規店舗用の横断チームを結成することがよくあります。新規店舗ですから、思わぬことがいろいろと発生します。そのとき、会社の枠を超えて、開店という一つの目標に向かって皆で取り組む。そこで（自分を成長させてくれた）彼のやり方を見て、衝撃を受けました。私の周りにいなかったタイプだったので。今考えると、彼と会ったことが一つのターニングポイントだったかもしれません。はずかしながら、彼と会うまでは仕事に対しての考え方が甘かった。嫌になったら家業を継げばいいやと考えていたところがありましたから」（食品／男性）

ただし、「あなたを成長させてくれた人は、現在の自分の人脈となっていますか」と尋ねると、意外にも否定的だった。相手と今でも太いつながりがあると答えた人は三六名中二名、一六名が年賀状のやりとりのみ、もしくは数年に一回何かの機会に会うだけで、残り二〇名はまったく接触がなかった。

あなたは一肌ぬげるか？

質問「では、もし今、(成長させてくれた)彼/彼女に何か頼まれたり、聞かれたりしたら、その要望に応えますか？」

この質問に対して、全員が「無理な場合は仕方ないが、できるかぎりのことはしたい」と答えたものの、多くは「でも、向こうから何かこちらに頼んでくることは考えにくい」と付け加えた。つまり、恩人からの頼みにはぜひ応えたいが、たぶんそんなことは起こらないだろうと。当時は自分が初心者で、相手がスキルでも地位でも圧倒的に上にいるという、どちらかというと相手に依存した関係である。数歩先を歩いているような相手であり、双方向というよりは一方向的な関係だったのだろう。相手に対して恩を感じているけれども、その時点では相手に恩返しできていない。恩を返そうにも、あまりに昔のことで、もう互いの接点が少ないということもあるだろう。

社内人脈vs社外人脈

筆者は当初、仕事のデキるビジネスパーソンは、社内・社外同様に多くの人脈を持っていると予測していたが、インタビューによるかぎり、実際は社外よりも社内人脈のほうが相対的に多かった(図9)。

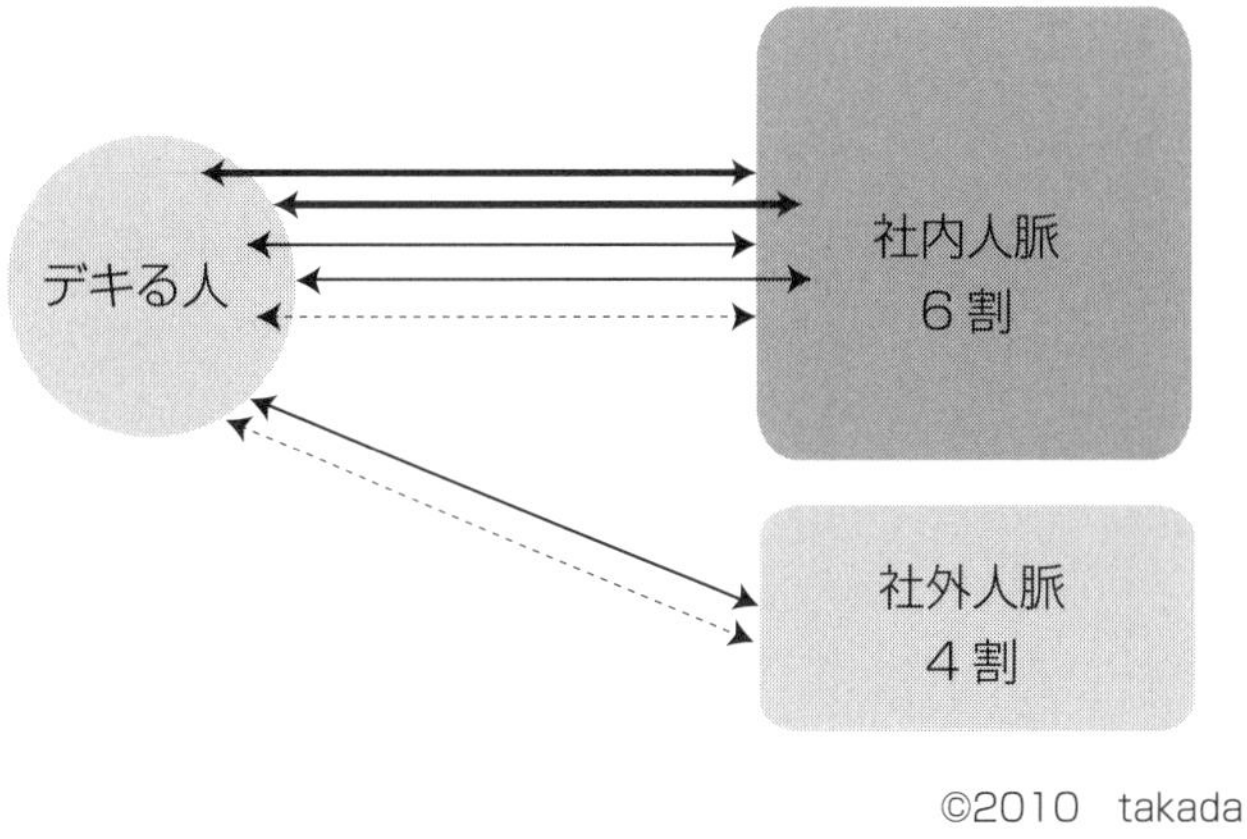

図９　人脈の実際

もっとも、インタビューをした全員が、社外に人脈を持つことを重要だと考えていたが、そのための努力をしている者はわずかだった。次の質問でも触れるが、日常の仕事に追われ、「戦略的人脈形成」などには手が回らない、というのがビジネスパーソンの実態なのだ。経済小説に出てくるような華麗な人脈を持ったビジネスパーソンというのは、あまり現実的な存在ではないようだ。

人脈メンテナンス

質問　「あなたは自分の人脈を構成していると思う人に対して、定期的に会ったり連絡をとったりするなど、人脈維持のために何らかのケアをしていますか」

この質問に、「意識してつながりを維持するようにしている」と答えた人は三名だけだった。「自分から何か機会を作らなくてはいけないと思ってはいるが、雑事に忙殺されてなかなかできない」という人がほとんどだった。ただし、たまたま相手のいる場所に出向いたときには必ず挨拶に立ち寄ったり、相手の昇進や異動などの際にコンタクトをとって近況を報告したりしている人は多かった。

人脈メンバーになった理由《わけ》

さて、彼／彼女ら「デキる」ビジネスパーソンは、その人脈をどのようにして形成してきたのだろうか。言い換えると、彼／彼女は人脈メンバー（だと思う人）とどのように出会い、何を通じて関係ができ、何のきっかけで相手を自分の人脈メンバーだと思うようになったのだろうか。

第2章の議論をふまえれば、相手を自分の「人脈メンバー」だと認知するということは、相手が「自分のために一肌ぬいでくれるだろうという期待」を持つということである。そして、相手にその「期待」を持つまでには、第一に相手を評価し、第二に相手の未来の行動に期待する、という二つのステップを経る。そこで、このプロセスを彼らに語ってもらったところ、「共通の修羅場体験を持つ」「時間軸を長く持つ」「相互扶助的な関係」という三つの共通要素が見えてきた。

共通の「修羅場」体験

質問「あなたは今、仕事上の問題で窮地に立っています。このとき、あなたを助けてくれると思う人を一人、頭に思い浮かべてください。『仕事上の問題』は、ビジネス上の一般的なものでかまいません。また『助けてくれる人』とは、もしもその人の力で何とかできるならば、実際に行動を起こしてあなたの問題を解決してくれるか知恵を貸してくれるだろう、と思える人です。そして、その人とどうして知り合ったのか、今までのつきあいの経緯を教えてください。また、その人がなぜ力を貸してくれると思うのか、理由を教えてください」

この質問に対して、三六名全員がかつて同じプロジェクトや同じ職場にいて、一緒に苦労した人物を挙げた。また、このうち同じ企業（または関連会社を含む企業グループ）に所属していた人を挙げたのが三三名、残り三名が他社からのプロジェクト参加者を挙げた。「一緒に苦労をした経験」が相手への信頼をより濃密にし、また期待を抱く根拠になっていた。Ｃ氏（食品Ｂ社）は、海外で現地子会社を立ち上げたメンバーとの絆《きずな》について、次のように語っている。

「あのときは、ほとんどの時間を一緒に過ごしていました。初めのうちはぶつかり合い、毎日本気で議論しました。つらいときもありましたし、『コノヤロー』と思ったときも、もちろんありました。そんな繰り返しの中で、彼らとは心の友になりました。（中略）最近はほとんど会っていません。クリスマスカードのやりとりぐらいです。会っていなくても、必要であれば私も彼らを助けますし、彼らも必ず私を助けてくれると自信を持って言えます」

「まあ、一種の修羅場でしたからね、あの時期は。支店の立ち上げの時期で、予想外のことが次から次に起こって……。今考えると、あのとき、あのメンバーでやれて幸せだったと思います。当時は胃が痛くて痛くて、何で自分ばかりこんな大変な仕事が降ってくるんだろう、会社を辞めてやろうって、毎日思っていましたが。あの時期は、眠る以外はほぼ一緒にいましたからね。相手のことは、変な話ですが、奥さんよりも知っていると思います。否が応でも、相手を知らなくては仕事になりませんでしたから。あのとき一緒に苦労した仲間とは、深くつながっていると思います。勝手な思い込みかもしれないですが。何かあったら絶対に助けてくれるだろうし、もちろん自分もできることがあれば何でもします。青臭いですけどね」（金融／男性）

言葉は違うにせよ、三六名全員がある種の危機的な状態、すなわち修羅場を一緒にくぐった相手に対して、「何か事が起これば、きっと自分を助けてくれるだろう」という強い期待と自信を持っていた。ビジネスパーソンにとって、一緒に苦労した経験、すなわち「共通の修羅場体験」が、人脈メンバーとして認知されるために必要な要素になっているわけだ。

そして、同じ目的のために時間を共有し、苦労を一緒にした経験を持ち、いったん人脈メンバーとして認知されると、何か特別なことをしなくても、強いつながりが維持されているようだ。

修羅場の情報密度

では、修羅場を一緒に経験した相手は、なぜ人脈メンバーになりやすいのだろうか。これは、情報収集の面から考えるとわかりやすい。

修羅場は、相手の行動や思考性向などを観察し分析する絶好の機会だ。修羅場では、ルーティンで物事を進められない。なにしろ、非日常的な環境のもと、物事がどんどん変化する。先が読めず、試行錯誤が繰り返される。すると、日常では計り知れなかった相手の心情や、ビジネスパーソンとしての振る舞いの裏に隠された相手の本音が表に出やすい。相手がどう考え、どう反応するのかを目のあたりにする。まさに密度の濃い時間を一緒に過ごすわけで、相手について多くの情報を得ることができる。相手が自分のために一肌ぬいでくれるかどうかを見極めやすいのではないだろうか。ただし、逆もまたしかり。相手からも自分という人間の振る舞いが観察され、情報収集される機会とも言える。

いずれにせよ、この期間で得た情報は精度が高く、相手の意思、性向、能力を見極めるのに十分で、今後「相手が自分のために一肌ぬいでくれる」と期待を抱くだけの強い根拠となりうる。

貸し借りは長くゆっくり

質問「あなたは、自分の人脈メンバーだと思っている人に対して、どのようなつきあい方をしていますか」

表現は違うにせよ、彼／彼女らに共通する回答は、次の三つだ。「長くつきあうこと」「相手に尽くすこと」「相手から何か聞かれたら真摯《しんし》に答えること」。そうすれば相手も同じように接してくれる」。人脈とみなしている相手には長期にコミットメントをして、よりよい関係を作り上げていこうという姿勢が見てとれる。

「その方々とは、純粋な意味でのギブ・アンド・テイクという関係ではないと思います。まず、どちらかのギブ・アンド・ギブがあって、それから関係が作られていったと思います。先輩や上司に相談しても、最初は私のほうがテイク・オンリーでした。当時の未熟な私から返せることはないですから。

今の私の人脈と言っていいのか、そうおこがましくも考えている人々――この方たちの多くは、最初はお客様という関係で、長い時間をかけて今は自分の知恵袋的な存在になっているのですが――との関係は、すべてギブ・アンド・ギブから始まったと思います。私のほうから最初はひたすら与え続けるということが大事だと思います。何かしたからすぐ注文がもらえると期待したり、自分のやったことに対して短期的な見返りを求めたりしていては、長くお互いに助け合う関係にはならないと思っています。社内でも同様で、見返りをすぐに求めるのは底が浅く、そんな人とは個人的にはつきあいたくありません。まずは自分という人間を知ってもらって、そして私も相手のことを知って、今日の深い信頼関係があるのだと思います」（食品／男性）

「彼とは、あるプロジェクトを一緒にやったことから関係が続いています。彼はきっと私の力になってくれるだろうし、反対に私も何かあったら彼の力になると思います。これは今回知恵を借りたからすぐに借りを返そうと、何かすぐに努力して借りを返すということではありません。長いつきあいで持ちつ持たれつだと思うからです。そういう意味では気が長い関係だと思います」（金融／男性）

このほか一五名が、「自分が相手にしたことに対して見返りを求めない」と語っている。人脈メンバーには、ビジネスライクにギブ・アンド・テイクという貸し借りを考えるのではなく、長いタイムスパンをとって相互扶助的な関係を想定している。「貸し借りの長い時間軸を持つ」ということは、相手のために何かすることと相手から何かしてもらうこととの収支をすぐにバランスさせないということだ。

考えてみると、これは奇妙な話である。自分のために一肌ぬいでくれると期待している相手に対して、自分が相手にしてあげたことの見返りを求めないと言っているのだから。しかし、これも長い貸し借りの時間軸で考えると理解できる。いつだかわからない将来に（明日かもしれないし、一〇年後かもしれない）何かあった際に相手が助けてくれるかもしれない期待を（自分が）持つために、今、相手に対して奉仕するわけだ。

このように文字で書くと何とも宗教の教えのようだが、相手との関係を長いスパンで考え、将来に対して期待を持つことで、心理的な貸借関係がバランスしているのだろう。
この点、興味深い発言があった。サービス業に携わる彼女は、会社から派遣されて中国で店舗の立ち上げにかかわった経験があった。

「これは私の経験ですので、全部がそうだということではないのですが、人脈についての考え方は、日本人には独特のものがあると思います。中国の人はもっと短期間で見ている気がします。ウチは出店の際にある許認可をとるのに手間取っていて、その道のプロ（女性だったのですが）に頼んだことがあります。それがうまくいったのでいい気持ちになっていたところ、すぐに『将来ウチの息子（といってもまだ一〇歳ですよ！）が日本に留学するときにあなたが保証人になってね。これで安心だわ！』と当然のことのように言われてびっくりしました。カルチャーショックでしたねえ。別に悪い人ではないんです。彼女が私を単に利用しようと思っていたのではなくて、その逆で非常に仲よくしたがっていました。『あなたは妹のような気がする』と言われていましたし。あっちは長期間のつきあいを望んでいることがありありとわかりました。日本だと、その人ともっとつきあいたいとか、親交を深めたいと思っていたらなおさら、何かしてあげたらすぐ貸しを取り返す、という発想がないですから。彼女は単に貸し借りの時間軸が非常に短くて、貸しはすぐに取り返しておくことが重要に思っているようでした」

このケースは異文化という別の要素が入ること、そして人脈メンバーについての話ではないので、分けて考えなくてはいけないが、つきあいの時間軸という点ではさまざまな示唆がある。おそらくこのケースでは、短期的な（とは言っても八年後の約束ではあるが）利益を心理的に確保することが相手にとって重要だったのだろう。その上で相手も彼女のために今後ギブしていきたいという気持ちを表しているのだろう。

相手との貸し借りの時間軸を短くとると、自分が相手に対してやったことの見返りを短いタイムスパンでとることになる。そうなると、貸し借りのバランスを保つためには、「何かされたらすぐに返す、何かしたらすぐに取り返す」ことをしなくては精神的な安定状態が保てないことになる。これは相手と活発で密接な交流があればできるだろうが、距離が離れていたり、接点が少なかったりなど、やりとりの少ない相手とは難しい。長いタイムスパンで、かつ、ゆったりとした気持ちで相手との関係をとらえることで、相手からも同様に長期的なつきあいを引き出せるのではないだろうか。

逆説的ではあるが、長いタイムスパンでつきあいたい相手が人脈メンバーになるということでもある。いくら社会的地位が高く力のある人物であっても、その人と長いスパンでつきあいたいと思うものがなければ、人脈メンバーではなく、その場限りの人とみなされる。これは「大物を知っている」ことを「人脈がある」ことと同義でとらえる世間一般的な考え方とは、一線を画すものではないだろうか。

双方向の自信

インタビューした三六名全員が、相手が助けてくれるという自信だけでなく、「何かが起きたら、自分も相手のために一肌ぬぐだろう」という自信を持っていた。いわば、「双方向の自信」である。少なくとも、本人は人脈メンバーとの間に持ちつ持たれつと言うべき関係が築かれていると考えているのだ。そして彼／彼女らは、相手との関係を仕事上にとどまらず、より感情のこもった結びつきと感じていた。

「もちろん、何かあったら自分も相手のために全力を尽くしたいと思います。相手も同じだと思います。できる範囲で、ですが。一種の戦友ですから。受けた恩は忘れません。でも、そんな機会はあまり来ない気がするけれど。相手のほうが圧倒的に地位が上ですからね」（運輸／女性）

「プロジェクトを一緒にやった仲間は、やはり特別だと思います。茨《いばら》の道を一緒に歩いてきたというか。直接的に何か相手を助けるという機会はぱっと思い浮かびませんが、相手が困っているときに情報を教えるといったことは、必ずやると思います。相手も同様だと思います。どうしようもないときもありますが、何かやりたいとは思っている。そりゃそうですよ。純粋にビジネスのことだけ考えて、相手のために一肌ぬぐというのは……うーん、あまりないなあ……。そこまでドライに割り切れないですよ」（食品／男性）

前節で示したように、人脈メンバーの関係は時間軸を長くとってお互いにコミットメントすると考える傾向が強かった。長期的な関係の中で、何かあったら相手を助けるし、相手もその「借り」をそのうちに返してくれるだろう、逆もまたしかり、という考え方が意識の根底にある。長期的な関係を持つことで、相手への貸し借りをゆっくりとバランスさせたいと考えているのだ。

修羅場の効用

「仕事がデキる」と評価されているビジネスパーソンの人脈メンバーは、思ったよりドラマティックでもなく、バラエティに富んでいるものでもなかった。むしろ、日常の業務の延長上に作られていることが多い。人脈メンバーの所属先として最も多かったのは、同じ会社の人だったし、人脈が構築されるために最も有用とされたのは一緒に修羅場をくぐることだった。

人脈メンバーは評価検討ステップ、予測ステップの二つのステップを経て認知される。自分の思考性向の影響を受けやすい評価プロセスにおいて、客観的な多くの情報を得ることは、より正確な評価のためには不可欠である。修羅場はふだんよりより多くの多様性のある、さらに言うといつも（定常状態）とは違う相手の一面を見ることができる環境である。修羅場を乗り越えるために密度の濃いやりとりが相手との間になされるだろうし、これは評価ステップにおける情報収集という点で有効であったのだと考えられる。

個人の心の変化に視線を向けると、修羅場を一緒に乗り越えることで同時にお互いに信頼関係が築かれ、「自分も相手のことをできる限り助けようとするだろうし、相手も同様である」という相手の未来の行動に対する自信を得やすい状態にあろう。未来の行動に対しての自信こそが、相手への信頼そのものである。さらに人脈を構築するうえで、相手との関係で重要とされていたことは、長いスパンで相手との関係を考えることであった。つまり、評価ステップで相手を評価し、相手のことを好ましいと思うとする。そのうえで相手についての情報収集をし、相手を見極めるのであるが、その際に長いスパンで相手との関係を考えたほうが、相手への期待感をある程度希薄化して細く長く持ち続けられる可能性が高い。短いスパンで相手との関係を考えた場合、何らかの結果を短い期間で相手に求めがちになる。相手が自分を助けたいと思っていても、相手が期待するような結果を出せる状況下にない場合のほうが多いだろう。短いスパンで相手に結果を求めると相手に対する失望が生じやすい。反対に長いスパンで相手のことを考えると何らかの結果をすぐに求めないし、細く長く相手への期待を持ち続けることになる。その結果、「自分も助けるし、相手も助けてくれる」という心理的な相互扶助関係のバランスが時間の経過とともに均衡になる可能性が高くなると考えられる。

●調査方法について

調査においては、本書の意図を説明し、企業の人事部、経営企画室、もしくは現場の部・課長クラスに「あなたの会社の仕事のデキる社員とのインタビューをさせてもらいたい」旨をお願いし、当てはまる人を複数人推薦してもらった。その結果、合計で一三社三六名に対してインタビュー調査を行った（表1）。一社内で複数人の社員にインタビューをする際には、人事部に協力を仰ぎ所属部署が偏らないように注意を払った。

調査では、あらかじめ数項目の共通質問を用意して答えてもらったあと、話の流れによって自由に話してもらう形式をとった。調査手順は以下のとおりである。挨拶のあと、被面接者に本調査における人脈の定義を説明し、質問を開始した。まず、「あなたの今までの仕事人としての人生を振り返ってください。なぜ御社に入社したのか学生時代から遡って、現在までのキャリアを話してください。その際、影響を与えた人について具体的に説明してください」と質問し、自由に回答してもらった。その後、「あなたの人脈」についてビジネスパーソンの持つ人脈の性質や「作られ方」が浮かび上がるようさまざまな角度から質問し、自由回答してもらった。「一肌ぬいでくれる可能性がある人」が何人いるのかなど数量的なものを明らかにすることは積極的には行わなかった。それというのも、ビジネスパーソンという性質上、それは置かれている状況によって変化するものと考えられ、人脈メンバーの存在が助けとなる共通したビジネス上の状況を設定して人脈メンバーの数値化を行うことに意味を見いださなかったからである。調査時間は平均七〇分、六〇分から九〇分の間で行われた。

業界	社名	個人	性別／年齢	役職
食品	A 社	A	男／39	
	B 社	B	男／35	
	〃	C	男／43	課長
	〃	D	女／36	
	〃	E	男／37	
	〃	F	男／37	
	〃	G	女／40	支店営業担当部長
	〃	H	女／41	
建設	C 社	A	男／45	担当部長
	〃	B	男／34	主任
電気／IT	D 社	A	男／40	担当部長
	〃	B	女／40	課長
	〃	C	男／42	課長
	〃	D	男／44	部長
	〃	E	男／45	部長
	〃	F	女／44	部長
	〃	G	男／44	部長
	E 社	H	男／42	部長
	〃	I	女／32	主任
運輸	F 社	A	男／36	
	〃	B	女／40	室長
小売	G 社	A	女／35	
	〃	B	男／42	
金融	H 社	A	女／38	課長
	〃	B	男／39	支店長
	〃	C	女／39	課長
	〃	D	女／42	支店長
	〃	E	男／46	
	〃	F	女／42	室長
	I 社	G	男／45	支店長
商社	J 社	A	男／43	マネジャー
	〃	B	男／42	関連子会社社長
	K 社	C	男／40	チーム長
サービス	L 社	A	女／37	
	〃	B	女／42	マネジャー
広告	M 社	A	男／35	マネジャー

表 1　インタビュー調査

注

（1）残りの六名に対する表現で多かったのが「性格は陰険というか、なんというか微妙な人なんですが、仕事には天性のものがありまして……」で、その人の持つスキルや能力がずば抜けていることが魅力の一つであるとしていた。

（2）残りの一名は「仕事がデキるというよりも、一緒にいると楽しくなるから多くの人が集まって、さまざまな人を紹介し、その人を中心とした巨大なコミュニティができるような人」と表現された（サービス／女性）。

（3）余談だが、ＩＴ系は男でも女でもキーマンと呼び、商社系はキーパーソンと呼んでいたのが興味深かった。

第4章

医師の人脈

専門職者たちの
緊密な世界？

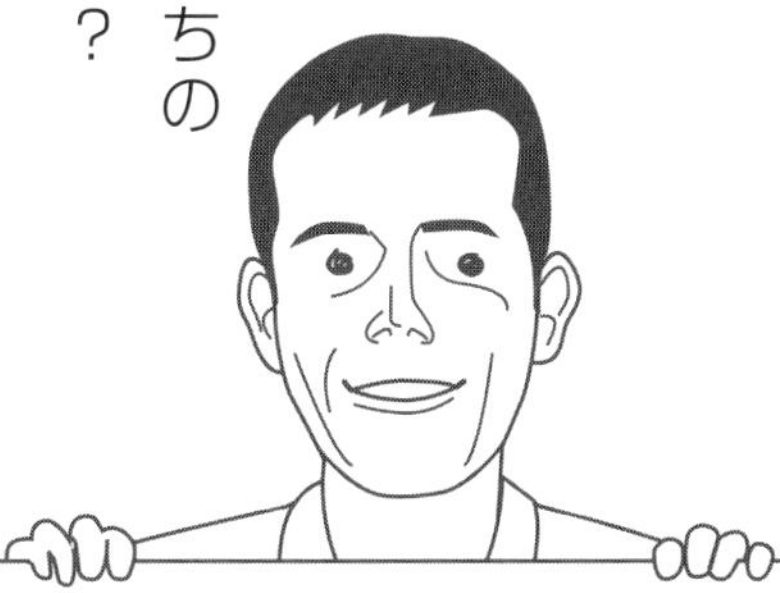

「手に職」ある人々を調査する

ビジネスパーソンの人脈は、社内の人々を中心として構成される傾向が強かった。そして、相手を「人脈メンバー」とみなすようになる過程で重要な要素は「修羅場体験の共有」「自分は相手を助け、相手も自分を助けてくれるという、双方向の自信を持つこと」「長い時間軸でつきあうこと」の三つだった。

続く本章では、専門職に焦点を当てよう。弁護士、公認会計士、教師、医師、システム・エンジニアなどなど、ある種の資格を持ち、その資格で仕事をする職種の人々は、一般的に独立性が高く、ビジネスパーソンと比べて組織への帰属意識が低いと考えられてきた(1)。いわゆる「手に職」があるので、企業の意向に大きく影響されない、自分で職場を選べる、独立が可能、などがその理由だ。彼/彼女らは組織の中でどのように振る舞い、どのような人脈を作っているのだろうか。一般的なビジネスパーソンとは、何か違いがあるのだろうか。

本章では、専門職の中でも典型例として医師を取り上げている。インタビューしたのは大学病院や総合病院勤務の現役医師で、医局出身もしくは医局には所属したことがない現役医師三五名(女性医師二四名、男性医師一一名)。インタビュー対象者の選択にあたっては、まず大学病院出身の医師にインタビューし、彼/彼女たちからの紹介で知り合いの医師を紹介してもらった。ただし、診療科が偏《かたよ》らないように配慮している。

内訳は章末の表2をごらんいただきたい。研修医が五名、医師としての経験年数一〇年以下が一〇名、一一年から二〇年までが八名、二一年以上の医師が一二名。三五名中、医学部卒業後、卒業した大学の医局にそのまま入局した者は三三名、二名（いずれも女性）は大学の医局には入らず、ほかの研修病院（Z病院）へ勤務している。

また、女性医師二四名のうち、現在結婚している女性医師は八名、うち子供がいる者が七名。このほか、結婚経験者が二名いる。出産を契機にフルタイムの勤務からパートタイムへと変えた者が四名。残り三名はフルタイム勤務を続けていたが、そのうち一名は第二子を出産後、病院から行政機関へと勤務先を変更している。男性医師は全員既婚で、一人を除き医局に籍があった。

医師を取り巻く環境

ビジネスパーソンへの調査と同様の手順で聞き取り調査を行ったのだが、非常に特徴的だったのは、キャリア一〇年以上の医師を中心として、「医局」が大きな役割を果たしていることだった。そこでまず、医師のキャリアパターンと医局の役割を確認しておこう。

三つの節目

医師になるためには大学医学部に入学し、医学部で六年間の教育を受けたのち、医師国家試験に合

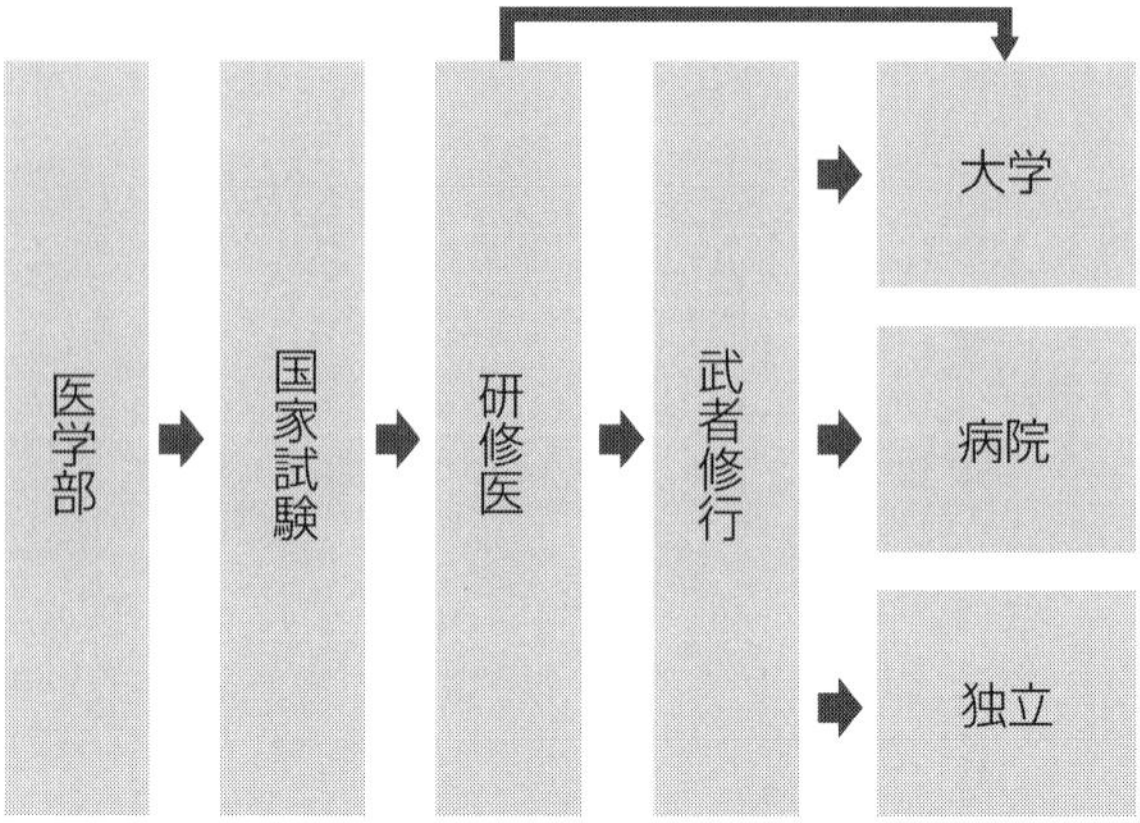

図 10　医師のキャリア形成

格しなくてはいけない。また医師免許を得てからも、腕を磨くためにさまざまな研修や日々の修練の積み重ねが要求される。一般に、医師のキャリアには三つの節目があると言われる。

第一に、医師免許取得後の研修医時代。この時期は、臨床の場で基礎から多角的に診療を学ぶ。第二に、研修医終了後の武者修行時代。一定期間ごとに勤務先病院を異動し、その間に専門医資格を取得するために試験を受け、また診療の腕を磨く[2]。この時期に研究のため大学院に戻る人もいる。臨床医としての技術を磨くことと並行して研究医として知識の習得と研究に努めるなど、医局のキャリアの中で最も忙しいとされる時期だ。その後、第三の転換期で最終的に大学に教員として戻るか、もしくは医局を離れ自分の意志で関連病院をはじめ市中病院に完全に就職するか、独立開業するという、大きく分けて三つの選択肢から選ぶことになる（図10）。

白い巨塔

医学部は多くの場合、医局講座制度で運営されている。「医局」とは、大学医学部における同一診療科に所属する教授を頂点とした組織のことだ。たとえば消化器内科という一つの専門講座は、一人の教授がトップとして存在し、下の階層に複数の准教授がおり、その下に医局員が所属する。典型的なピラミッド構造であり、「白い巨塔」と表現されることが多い。

医局には大きく分けて三つの機能がある。一つは医師の教育・研修機関としての機能。従来の医局制度では、医学部を卒業した新人医師に対して大学医局が二年間の臨床研修を行うのが一般的であった。医師の卵たちは医学部卒業前に各自が将来専門としたい分野の医局に対して入局を申請する。そして卒業後、各大学・医局が持つ独自の医師育成システムのもとで大学病院や関連病院に派遣され、初期研修を受けた。

二つ目は研究機関としての機能だ。多くの医師は臨床研修後に医局に戻り、自分のテーマを決めて研究に励む。医局は、彼らに研究場所や設備、最新の医学情報など総合的な「知」を提供する研究機関としても機能している。

三つ目に、医局は各周辺病院に対する医師の供給機能を持つ。通常、医師は医局の采配《さいはい》のもとで関連病院を半年から三年程度の間隔で異動しながら、専門医資格を取得するなどみずからの腕を磨く。医局は医師に対して事実上の人事権を持っていて、関連病院に医師を割り当てることで地域医療を担っているとも言える。

余談だが、医学部は一つの診療科に一人の教授で運営されているのがほとんどである。一つの診療科すなわち一つの医局である。医局が人事機能と地域への医師供給機能を担っていたために、医局の力、ありていに言うと、その医局の長である教授の力が圧倒的に強かった。

医局の弱体化

ところが二〇〇四年の医師卒後臨床研修制度導入で、それまでいわば医局の独占市場であった医師の初期研修機能の仕組みが大きく変化した。新制度では国家試験合格後の医師に二年間のスーパーローテート方式での研修が義務づけられた。専門だけではなく、すべての医師が基本的な臨床能力を身につけることがその目的とされている。スーパーローテート方式の具体的な内容として、一年目は基本研修科目として内科、外科、救急（麻酔科を含む）の各診療科をまわって研修を受ける。二年目は必修科目として小児科、産婦人科、精神科、地域保健・医療（保健所、診療所、社会福祉施設、老人保健施設など）の科を回り、その後、地域や研修施設の特色に応じて研修が行われることになった。

ここで研修医にとっては大きく二種類のキャリアパスが生まれることになった。一つは医局に入局し、その下で大学病院もしくは関連病院でこの種の研修を受ける従来型のルート。もう一つが、みずから研修先病院を決めて研修を受けるルートである。医局に入らなくても初期研修を受けて自分でキャリアを選択できる。このため医学部生には、早い時期から将来について考え、研修施設の見学・実習など自分で情報を収集することが求められるようになった。今までのようにだまっていても医局が若い医師を確保できた時代と違って市場原理が導入されたとも言える。医局側にとっては、若い医師を医局員として確保し、多くの病院に就職を斡旋《あっせん》することができなくなった。そして、医局がそれぞれのネットワークの中で医師を異動させてスキルを磨かせるという、いわば医局主導のキャリアから、

ひとこと　この制度の導入は、結果として医局の人事統制権の相対的な低下と、それに伴う地方の医師不足につながった。場所や処遇、そして研修プログラムが充実している病院は数倍の倍率を保つが、そうでないところは研修医の確保がままならず、医師の偏在という現象が起きた。今まで医局のいわば強制的な人事権のもとでローテーションによって派遣された若い医師たちが担ってきた地方や僻地の勤務は、医師たちが自分の手でキャリアを形成しようとした際には、選択されないことになる。

医局へ所属するメリットが、以前と比べて低い現制度下では、医局員そのものの人数も減少し、慢性的な医師不足を引き起こしている。脳外科、外科、産婦人科、小児科など一般に他科と比べて労働量が多い診療科を希望する研修医が少なくなるという偏りと、病院についても研修医に選ばれる病院とそうでない病院という大きな差が生まれている。病院内部でも、研修医を指導する立場である中堅キャリアの指導医への負担が増大し、深刻な問題となっている。

もちろん、それまでの医局中心のキャリア形成にもさまざまな弊害があったことは間違いないが、新たなシステムもまた、大きな問題を生みだしているのだ。

自分で研修先を選択し、病院からも選抜されるという制度に変わったと言える。その意味で、個人はより能動的に行動することが求められるようになり、個人の持つ人的ネットワークの広さや情報収集能力の高さがみずからのキャリアを形成するための重要な要素になったとも言える。

一方の病院側は、従来のように医局からの派遣で医師を確保できなくなったために、独力でマンパワーを確保しなければならなくなった。こうして近年、病院が知り合いの紹介などで新たな医師を見つけ、スカウトするためのネットワークの重要性が再認識されている。

医師のネットワーク

医師を取り巻く環境が激変している中で、彼らはどのような人脈を築いているのだろうか。インタビューにあたって、専門職である医師の人的ネットワークを広くとらえたかったこともあり、まずウォーミングアップをかねて自分の人的ネットワークについて語ってもらい、そのあとに本書での人脈メンバーの定義を説明し、あらためてみずからの人脈について描写してもらうという手順をとった。

医師はふだんどのような人々とつきあい、どのようなネットワークを持っているのだろうか。この点を明らかにするために、まずは過去二週間に患者以外で何らかのやりとりをした人について所属ややりとりの内容を語ってもらった。予想どおり、医療関係者との間にはさまざまなネットワークがあり活発な交流もあったが、医療関係者以外との交流は非常に少なかった。

結果は、次の四つに大別できる。

現勤務先ネットワーク

三五名全員が最もアクティブ（活発）なネットワークとして挙げたのが、現在の勤務先における人的ネットワークだった。勉強会や会食など、公私ともに最も活発な交流があった。

ただし、ネットワークの構成メンバーは、キャリアによって差が見られる。研修医は、先輩・同僚など近くにいる医師を挙げた。女性医師はそれに加えて、同じ科に所属する看護師たちを挙げた。中堅以降、キャリアが長くなるにつれて、医師以外にも看護師、理学療法士、薬剤師などコメディカルや事務職員をネットワークの構成メンバーと考える傾向がある。これは与えられた仕事のことだけを見るのではなく、病院全体の力を考えて仕事をするようになるからだという。また、キャリアが長くなるほど、病院長や診療科部長など高位の役職者がネットワークに含まれるようになる。ただし、役職者と活発にやりとりしているかというと、個人差と、病院の規模による差が大きかった。

医局ネットワーク

インタビューでは、全員が医局を自分の仕事と関連する重要なネットワークと考えており、医局にいたという実績さえあれば、見ず知らずであっても自分のネットワークの一員とみなしている。何か問題が起これば、彼／彼女はほとんど自動的に「医局の知り合いに相談する」という。患者の病歴の照会、その分野のエキスパートへの症例の照会、病院の異動や求職の場合でも、たとえ面識がなくても、「同門の○○ですが」と名乗ると必要な便宜が円滑に得られる。現在は医局に所属していなくても、何かあれば医局の力を借りることができるという暗黙の了解が、医局ネットワークの根底にあった。医局にいたという事実は医師にとって非常に重要なもので、多くの場合、将来にわたってみずからの信用の担保となりうるのだ[3]。

自分が現在医局に所属していると答えたのは二一年以上のキャリアで四名[4]、一一年から二〇年のキャリアで六名、一〇年以下のキャリアで一四名。キャリアが上がるほど所属意識は薄れていくようだ。研修医を含んだキャリア一〇年未満の医師では、一五名中一三名が医局ネットワークをそのまま自分のネットワークとみなしている。研修の一環として関連病院を回っている時期であれば、当然とも言える。ネットワークの構成メンバーも、同時期に医学部に在籍した先輩など年齢の近い人々が中心で、緊密に交流しているようだった。一方で、医局の中でも職位・年齢が上の人々との間ではあまり積極的な交流はなく、「何かあったら相談し報告する相手」とみなされている。

キャリアの短い医師たちが医局ネットワークの中で積極的に交流しているのに対して、キャリアが長くなるほど医局のメンバーとのやりとりは少なくなり、自分のキャリア上で作られた個人ネットワークの比重が大きくなっていく。

個人ネットワーク

病院勤務を数多く経験していくと、現在の勤務先ネットワークに加えて、個人的な医療関連ネットワークを持つようになる。ただし、このネットワークと他のネットワークの構成メンバーとはかなり重複している。個人ネットワークは、以前の勤務先の同僚など、勤務していた「場所」を中心として生まれたネットワークで、その後に職場を離れ、別々の病院で働くようになってからも、関係を維持した人々で構成されている。これはコメディカル、医師、事務スタッフなどで形成されていることが多く、プライベートの色彩が強い。

このメンバーは、ふだんあまり会わない昔の上司からよく会う友人までつながりの強さはさまざまだが、共通しているのは、仕事場でお互いを知っており、お互いの状態やスキル、性格などについて正確な情報を持っているという点だ。そして、この個人ネットワークから、のちに述べる人脈メンバーが最も多く輩出されている。

病院外ネットワーク

医療関係者以外のネットワークが現れるのは、年代によって大きく差がある。キャリア一五年までの勤務医は「時間的に不規則なので、医療職以外の友人と会う機会が少ない。プライベートで一緒に何かするにしても、結局は院内や前勤務先の医療関係者が多い」と口をそろえる。若手の医師らは皆一様に「病院以外の人とは会えない」と言う。「勤務時間帯が不規則」「当直勤務がある」「医師不足による過酷な労働」などのため、医療と関係のない友人と休日を過ごすことができないのだと。

しかし、キャリアが長くなるにつれ、趣味仲間や、配偶者や子供がいる場合は子供の学校関係や隣近所、配偶者の仕事関係など、医療関係者以外のネットワークを持つようになる。

医師の世界は狭いですから

彼／彼女たちは、異口同音に「医師の世界は狭いですから」と言う。キャリア二二年の女性眼科医は次のように語っている。

「この世界はすごく狭いです。良いのか悪いのか、一族で医者という人も多いし、思わぬところで思わぬ人がつながっています。私の些細《ささい》な出来事を、あまり話したことのない偉い先生が知っていて、びっくりしたことが若い頃から何度もあります。ですから、何か頼まれたら必ずきちんと対応します。誰かがどこかで見ていると思ったほうがいいです。もちろん、そうでない先生もたくさんいるし、最近いい加減な人が増えてきて頭が痛いところなんですが。同業者はいつどこで助けてもらうかわからないし。ともかく、自分の仕事をきちんとやることが大事だと思います。変な評判を立てられてもやりにくい。同業者から求められたら、相手のことを知らなくてもできるかぎりのことをする。お互いさまっていう感覚がすごくあります」

医師の職務を全《まっと》うするためには、相互扶助的な関係を維持することが不可欠、と誰もが肝に銘じている。いい加減なことをすれば、すぐに噂になって自分に不利益として戻ってくる。医師はビジネスパーソン以上に同業者に気を遣うのだ。それが傍目《はため》から見ると「医師は身内ばかりかばう」と言われるゆえんなのかもしれない。

医師は同じ国家試験を受験し、病院という場所で長い時間をともにし、患者の治療という共通の目的に向けて奮闘するという、よく似た職業経験を持つ集団である。同質性が強く、職業に対するコミットメントが高い。勤務形態も病院を中心に成り立っており、プライベートの時間と仕事の時間の境目がつけにくい。病院外の人間とプライベートでつきあうことが難しいため、病院内のネットワークが非常に強い。病院内のコミュニティですべてが事足りてしまう。先の女性医師が「狭い世界」と表現したようにとても内向きで、内部者である医師間の情報については敏感であり、ネットワークがすぐに機能して情報が拡散していく。

「今までにネットワークが役に立った例を教えてください」と問うと、何人かの中堅・ベテラン医師が、勤務先を変えたいと思ったとき、昔の上司や同僚だった医師に新しい勤務先を紹介してもらったと答えた。また、出産・育児でキャリアを中断したある女性医師の復帰の端緒は、医局で知り合いだった（それも、あまりよく知っているわけではない）医師からの一本の電話だった。これは医学部の同窓会などで折に触れて「パートタイムで働きたい」と言っていたところ、情報が回り回ってある医師のところに届き、ポストに空きができたときに同窓会名簿で自宅の電話番号を調べてすぐに連絡してきたのだという。

医師たちの持つネットワークが、個人にかかわる情報を迅速に伝え、それを必要とする人へ届けるという、いわゆるマッチング機能を持っていることがうかがえる。医師たちの「世界は狭い」のだ。

医師の人脈を聞く

さて、医師のネットワークが医療関係者に集中していることがわかったところで、あらためて本書における人脈の定義を説明し、「一肌ぬいでくれる人で構成される人脈」について質問した。

人脈は狭いです

医師もビジネスパーソンのケースと同様に、ほとんどの人（三五名中三三名）が自分の人脈を狭く、そのうえ医療関係者に偏っていると評価していた。

「この仕事をしていると、生活時間帯が普通の会社に勤めている人と違うので、病院外の人と何かするのがすごく難しいです。土日も休みでないことが多いし、患者さんの容体が悪いとすぐに呼ばれるし、病院外の人と約束していても相手に悪いなと思うことが多くて気を遣ってしまいます。どうしても病院内で固まります」（女性／一年）

「高校の友達と会うこともありますが、やはり時間帯が合わなくて。その代わり同期とは密に連絡を取り合っています。看護師さんとも、よく飲みに行きます」（女性／一一年）

「病院にいると、まったく外の世界がわからないので、自分は何だか世間から隔離されたところにいる気がします。床屋も銀行も買い物も病院内で足りてしまうし。家に帰って家族と話すときは、仕事ではない話をします。でも、これも家族相手ですしね。子供の友達つながりで近所のお父さんと話したりホームパーティーに呼ばれたりはしますが、その場限りですねえ。あまり出席できないです。時間もないし。よく医者は世間知らずとたたかれますけれど、反論できないなあと思うことが、正直な話、あります」（男性／二六年）

「自分は人脈があると思う」と答えたベテラン男性医師は、こう語っている。

「病院を出てさまざまな社会活動をしていくうちに、自分が非常に偏った場所にしかいないことに気がつきました。特に、自己啓発のために行った社会人講座で出会った友人たちに触発されて、自分から病院外の人とつきあうようになりました。ただ、これは自分の時間がとれるようになったことが大きい。つまりですね、病院内では年の功で、若い頃と比べればの話ですが、時間が自由になり始めたこともあると思います」

彼は、講演活動のほかに海外医療のボランティアや異分野の大学など、畑違いの場所に積極的に顔を出して、医療関係以外の結びつきを深めるように努力しているという。もう一人の医師（男性）も、病院外での活動が多くなるにつれて、さまざまな職業の人と「医者と患者」という枠組みを超えて交流し、それが自分にとって重要になったと語っている。

狭くても仕方がない

医師の人脈メンバーが勤務先の医療関係者のみで多様性が少ないことの理由として、ほぼ全員の医師が勤務時間帯と勤務形態がビジネスパーソンと違うこと、病院のスタッフとしか物理的に交流が持てないことを挙げていた。

医師たちは、そもそも人脈についてもビジネスパーソンとは少々違った認識を持っている。ビジネスパーソンは、どの年代であっても全員が「もっと自分の人脈を広げるために何とかしなくては」という意識を強く持っていた。しかし、医師は「自分たちは勤務形態が特殊だから仕方がない」と諦観していて、「（人脈を広げるために）何とかしなくてはならない」という意識は希薄だった。キャリア一〇年までの医師一〇名全員が「時間がないので病院外の人や同じ医局の人以外との交流がない。交流する時間も元気もない。日々の生活で手いっぱい」と語り、多様な人脈を作ることについても、あまり関心がないようだった。

自分から人脈の幅を広げようという意識が見られるのは中堅キャリア以降で、ベテランになると比較的強く意識していた。キャリア一一年目以降になると、医療関係者以外とも交流する必要性について語る声が、ちらほら聞かれるようになる。それでも、関心の中心は医師としての自分の技倆《ぎりょう》を上げることであり、そのために医療関係者との人脈をより厚くしたいという声が目立つ。キャリア二一年以上ともなると「（実際には自分ではできていないが）医療関係者以外とも幅広く人脈を持つことが重要だと思う」という声が多く聞かれたが、自分から行動している人は少なかった。

全体として、医師としてのキャリアが浅い頃は、自分の仕事に手いっぱいで人脈について考える時間もなく、少し経験を積むと医療界での人脈構築にその関心が向かい、その後キャリアを重ねるにつれて医療関係以外の人脈を持つことの重要性を感じるようになるようだ。

医師の人脈は医師

続いて、三五名の医師たちに人脈メンバーの定義を説明したうえで、最初に頭に浮かんだ人の名前を挙げてもらった。そして、その人との出会いから今日までを時系列で描写し、相手を人脈メンバーとみなす理由を説明してもらった。人数は制約しなかったが、結果として一人につき一名から二名の名前が挙がった。挙げられた人の総数は四一名で、医師が四〇名、医師以外が一名。一人を除いて、すべての医師が自分の人脈メンバーとして同業者を挙げたことになる。ちなみに、その一人はキャリア二四年のベテラン医師で、弁護士である高校時代からの友人を挙げた。

キャリア別では、研修医は全員が同期か同じ時期に医学部に在籍していた年の近い大学の先輩を挙げた。研修医時代は特に同期という横のつながりが強く、常にライバルとして意識している反面、お互い気軽にメールや電話で相談し合っている。治療など専門的なことに関しては、医局内の指導医などキャリアが上の医師に相談していた。

そして中堅キャリア以降、年次を重ねるにつれて、自分が現在勤務している病院、もしくは以前勤務していた病院の同僚や上司など、自分のキャリアに基づく比較的幅広いリソースから人脈メンバーが挙げられた。

仕事もプライベートも

人脈メンバーの職種が医師に偏っていることが見てとれたので、再び「先ほど人脈メンバーとして挙げた人以外で、あなたが個人的なことを相談するのは誰ですか。仕事以外のことも含めて頭に浮かんだ人を一人描写してください」と質問した。

しかし、この質問にも三五名全員が同業者を挙げたため、さらに「医師以外で、困ったときに相談し、相手が助けてくれるとあなたが思う人がいたら教えてください」と質問したところ、初めて医師以外が登場した。ただし、ここでも若手と中堅以降では傾向が異なる。

キャリア一〇年以内では、男性の若手医師三名全員が「時間的に不規則なので、中高の友達など病院以外の人とプライベートで会う機会が少ない。同僚や先輩以外と個人的なことを相談することは（その気持ちがあったとしても）ない」と答えた。しかし、女性医師からは同僚の看護師を挙げる人が一二名中六名おり、女性医師のほうが病院内ではあったが医師以外と個人的なつながりを保っていることがわかった。

中堅では「旅行で知り合った文系大学の教員」「高校の同級生の自営業者」「病院の事務のスタッフ」「前に勤務していた病院の看護師長」などが挙げられ、ベテランになると「病院外の仕事で知り合った会社員」（二名）「留学先のアメリカで知り合った日本人社費留学生」「同じ研究チームに所属していた他大学の非医系研究者」「公認会計士」「会社社長」など違うカテゴリーに属する職業の人を挙げる人が多くなった。一方で、看護師などコメディカルスタッフを人脈メンバーとして挙げる人はいなかった。また「自分たちの仕事は特殊なので同業者でない人には悩みを理解してもらえない」という声は常にどの世代でも聞かれた。

人脈メンバーになった理由《わけ》

インタビューから、医師が人脈メンバーとみなしている相手について、ある共通の要素が浮かび上がる。これらは物理的な環境に関係するものと個人の心持ちに関連するものの二つに分けられた。

同じ空気を吸う

「人脈メンバーとみなしている人とは、どこで知り合い、どのような経緯で人脈メンバーと思うようになったのか」という問いに対して、医師を人脈メンバーとして挙げた全員が「同じ病院で働いていた」もしくは「医局が一緒だった」と答えている。おおよそ、医師の人脈は病院という「場所」を通じて構築されているということだ。

規模の差はあれ、病院という場で一日のほとんどを過ごし、生死の境をさまよう患者から検診の患者まで慌ただしく診療に追われる(5)。患者の数だけ診療についての意思決定が求められる。医師個人が意思決定するのが基本だが、決定までにはカンファレンス（会議）などでほかの幅広いキャリアの医師の意見を聞き、個人的にもさまざまな人の意見を求めて回る。一般に勤務医は、病院内では医師用のオフィスを共有し顔をつき合わせていることが多い。医師同士の接触時間も多く、情報や知識の交換が自然と密接に行われている。あるベテラン医師は医師の技倆について、

「同じ場所でずっと顔をつき合わせているのだから、どの人が実力があるのかは一目瞭然です。年がいくほど（相手の技倆が）見えるようになります。何に悩んでいるとか、嫌《いや》でも見えてくる。性格とかね。よくわかりますよ。相手の診療方針に口を出すことはないけれど、患者に関しては相手のやっていることはカンファレンスなどで共有するので、すぐにわかるようになっています。実力という点では把握しやすいと思います。医者の腕を一番知っているのは看護師さんじゃない

かな。最も身近で見てますしね。看護師と話すと一発でわかりますよ。大きな病院だとほかの科の先生とは会わない場合があるけれど、まあ大概の病院では医局[6]が一緒だから、いろんな情報がすぐに入ってきます」

と語り、一緒にいること、同じ仕事をしていることで相手の技倆や性格を把握しやすいと指摘した。臨床医の仕事は人間の生命に関係していることから、毎日が定常的に推移するのでなく、見方によっては病院そのものが修羅場と言えるかもしれない。多くの非定常的な状態を共有すること、そして相手の仕事を直接観察できる機会が非常に多いことの二つが、医師が同業者を人脈メンバーとして認知するときの共通要素だ。

情報収集の面から考えてみよう。病院という場を共有し、長い時間を一緒に過ごすことで相手のさまざまな情報を得ることができる。病院という場は、不規則に推移する環境の中でさまざまな意思決定が求められ、常に修羅場の様相を呈している。「相手が一肌ぬいでくれるかどうか」を見極めるに十分な情報量を得ることが可能な環境なのだ。

「腕」が決め手

医師が多くの同業者の中から特定の個人を人脈メンバーとして選ぶ「スクリーニング」の方法を見ると、すべてではないものの、専門職としての技倆が重要な要素になっていることがわかる。

「困ったときに最初に頭に浮かぶのは、やはりオーベン（指導医）だった先輩です。自分の最も未熟なところを見られているということもあります。私の場合は非常に優秀な人でラッキーでした。手術の手際も患者の扱い方もうまかった。若い頃から、ああいうふうになりたいと思ったものです。（中略）まあ、いい時代だったのでしょうね。指導医がきちんと指導をする時代でしたし。（中略）彼は、今は違う病院にいますが、いろんなところでよく名前を耳にするやり手の先生です。よほど困る何かがあったら連絡して相談すると思います」（外科／中堅）

「あの先生に聞けば答えてくれる、というのは大事です。同じ場所で仕事をしていると、やはり相手の腕というか、スキルが見えてしまいます。自分が経験を積んだからかもしれませんが。誰かに何か助けを求めるときというのは、仕事上のことがほとんどですから、やはりスキルの高い人を選ぶと思います。話しやすいという要素ももちろんありますが。医者の仕事は良い意味でも悪い意味でも細分化・専門化されているので、相談する相手のスキルは大事だと思います。もちろん、知識や情報を持っているということも重要ですが」（整形外科／中堅）

医師にとって「何かあったときに一肌ぬいでくれる」の「何かあったとき」とは、多くは医療に関連することだ。一肌ぬいでくれる、つまり知恵を与えてくれたり、行動してくれたりできるのは、相手が自分にない何かを持っていればこそだ。医師の場合は、それが相手の専門性や技倆ということになる。

時を超える使命の鎖

ビジネスパーソンのケースと違って、双方向で自信を持つかどうかについては一概に言えなかった。それというのも、明らかに相手が先輩であったり、上位職者であったり、その道のオーソリティーであったりした場合に、自分が相手のために一肌ぬぐことは考えにくいからだ。相手のことを一方的に人脈メンバーと思っていても、双方向の関係にはならないことが多い。相手にとって彼／彼女に手を貸すことは「患者を助ける」という職業上の使命感によるものか、厚意によるものかだろう。

このように人脈メンバーとして目上の医師を挙げたのは二名で、相手はそれぞれ留学時代の恩師と、自分の大先輩であり父親の友人でもある著名な医師だった。この場合、自分が相手を人脈メンバーと思っていても、相手は彼らのことを同様には思っていないかもしれない。

医学部の現役准教授で、大学病院で診療をしているある外科医は、スキルや知識を買われて依頼されたときに相手に見返りを求めるか、という筆者の問いに対して、次のように語った。

「あまり知らない先生から手術の依頼が来ることはよくあります。もちろん、ていねいな紹介状と診断書がついてきますので、まったく問題ないです。だからといって、その先生に何かしてもらいたいとは全然思いませんね。医者という仕事はそんなもんです。これは、私が若いときに

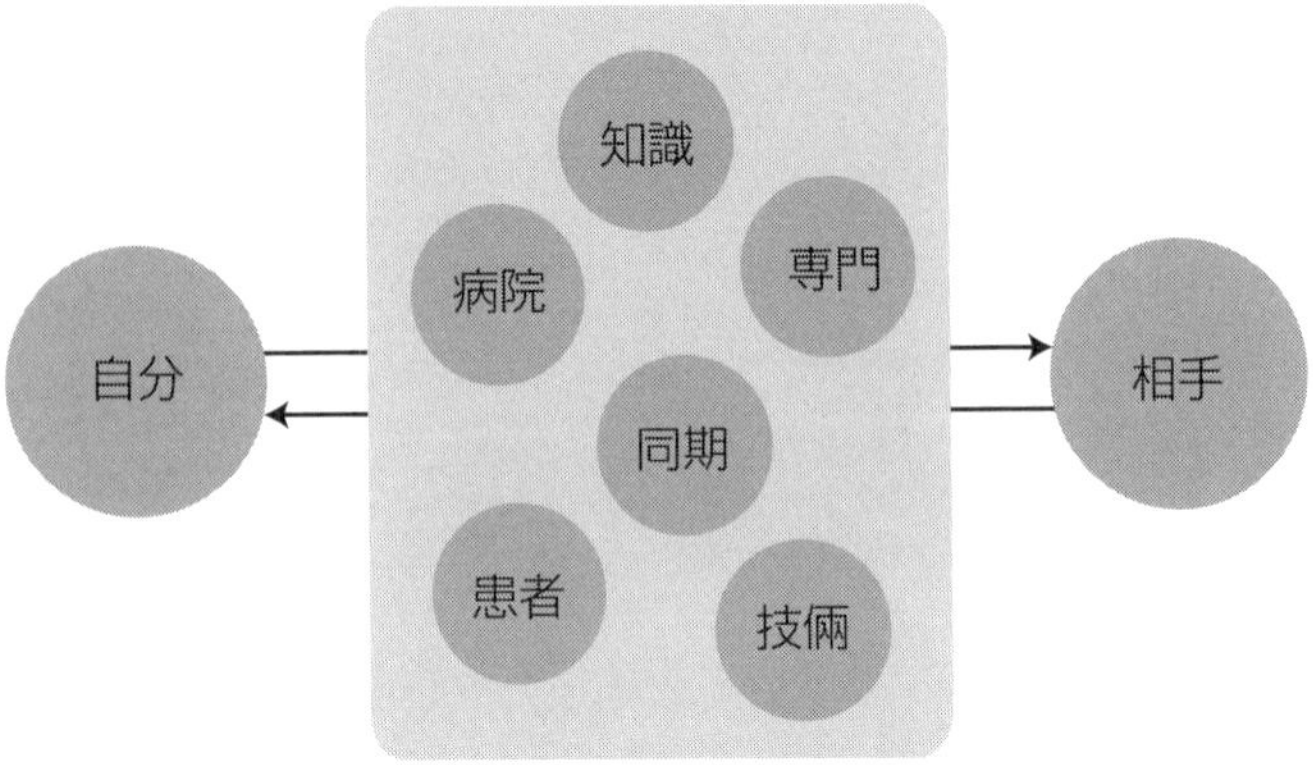

図 11　医師の人脈ファクター

尊敬する先生に言われたのですが、『自分がされたことは後輩にしてあげなさい』という言葉が心に残っています。何か先輩から恩を受けたら、その人ではなくて、自分がその立場になったらあとに来る人たちに同じようにしてあげる、そう思っています。それが患者さんのためだし、まあ大きく言ってしまえば社会のため医学のためだと思います」

個人同士の時間軸というより、長い職業上の時間軸で考えていることがうかがえる。医師として患者を治すという共通の使命感と目的があること、そして相手に直接貢献できなくても医療・医学という大きな流れの中で貢献できればよしとする考えが根底にあることが、こうした双方向ではない関係が成立する理由なのかもしれない（図11）。

同期の絆《きずな》は永遠に

しかし、一方的な関係が人脈メンバーのすべてではない。最も多いのは、専門分野が同じかどうかにかかわらず協働しやすい者同士だった。彼／彼女らは、心理的に対等であろうとする。

この種のケースでは、ビジネスパーソンと同様に双方向の自信を持っていた。キャリア二一年の産婦人科医は、まったく別の分野の医学部の同期生を人脈メンバーとして真っ先に挙げ、その理由をこう語っている。

「彼女は同期です。分野は違いますが、数少ない女性の同期です。学生時代はお互い突っ張っていて、あまりべったりと一緒にいることはなかったのですが……。同じ病院になったこともないですし。でも、何かあると必ずお互いに助け合うと思います。今は女子医学生が多くなりましたから想像できないでしょうが、当時は少なかったので彼女とは苦しい時代を一緒に戦った〝同志〟という感覚ですね。昔は女医用のロッカールームもなかったのだから！　大変でした。（中略）何かあったらお互いがお互いを助けると思います。彼女も私もプロですから、腕は信頼していますし、こういうときはどうすべきかという考えも、必ず言い合うと思います。相談もするし、アドバイスもする。病院も科も違うので、同じポストを争うとか直接的な利害関係がないのがいいのかもしれません」

これは、ビジネスパーソンに多く見られたように、「私も相手に一肌ぬいでくれる」という、相手と自分の未来の行動に対して双方向の自信を持っている状態だ。何か相手にしたから相手からすぐに見返りが欲しいというような考え方ではなく、相手との関係を長期的に考えている点も同じである。

自分への自信

ビジネスパーソンと大きく違っているのは、彼／彼女らが「相手のために一肌ぬぐ」という状況を、より具体的にイメージしていることだ。もちろん、患者の治療に関することを想定しているわけだが、これを如実に表しているのが中堅整形外科医の次の言葉だ。

「今、頭に浮かんだ相手は、昔同じ病院で同期だったAです。その病院はいろいろ問題がありまして、当初はあまり居心地がよくなかったです。彼とは、なぜかウマがあって、一緒に『病院を何とかしよう運動』をやりました。内科と外科で違うのですが、よく話しました。医局でも、外でも。医局ってところは、常に鼻をつき合わせている状態ですからね。仲よくなります。彼が何か助けを求めてきたら、必ず助けると思います。患者のことであっても何でも。整形外科の分野だったら、何とかできるのではないかと思います。もちろん、実際に起きてみないとわからないですが。自分が直接の専門のことでなかったら、その専門に近い人を探してつなぐことができるし、そうすると思います。相手もきっと同じだと思います」

この整形外科医は人脈メンバーに対して、自分が直接手を下せなくても、有効な手だてを考えて相手に協力すると言う。この背景には、二つの異なった自信がある。一つは、自分の専門であれば知恵を出せるという、自分のスキルに対する自信。もう一つは、必要な人が誰なのか見極めて、自分のネットワークから探すことができるという自信だ。この二つの自信が「自分は相手のために一肌ぬぐことができる」と考える要因になっている。

一方の「相手が自分のために一肌ぬいでくれる」という期待も同様だ。第一に知恵を与えてくれるかどうか、第二に直接ではなくても必要な人を見極めてつないでくれるかどうかについて、相手が実行可能であるという自信を持っている。そのうえで、相手が自分のために行動を起こしてくれると期待しているわけだ。

ネットワークへの信頼

医師同士の場合、双方向の自信の根底にお互いのスキルに対する信頼がある。では、医師以外の人を人脈メンバーとした場合はどうなのだろうか。先ほどのベテラン医師は次のように語っている。

「医療関係者ではありませんが、高校の同級生で弁護士になっているB君はまさに人脈メンバーというのですか、そういう関係だと思います。もともと高校のときはそんなに仲がいいわけでもなく、クラスも文系と理系でしたから一緒になったことがありません。医者になって一〇年ぐらいしたときの同窓会で、たまたま一緒に学年幹事をやったんです。二人とも忙しいので、ほかの幹事に迷惑をかけてしまったのですが。そのとき、彼のお母さんの医者を紹介してくれと頼まれたのが縁で、何だかいろいろとかかわりができて、仕事でもプライベートでもいろいろ相談をするようになりました。『医療訴訟があったら誰か紹介するよ』なんて言われますが、まだ幸いにもそこまでは……。彼の専門は企業合併の何とかだそうです。私にはまったくわかりませんが。でも、彼は何かあったらきっと助けてくれると思います。もちろん、私もですが」(同)

彼が語った弁護士との関係では、彼のほうが多くの貢献をしていることは明らかだったが、特にそれをアンバランスとも考えず「何かあったら彼は助けてくれる」という自信を持ち、長期的な関係を前提として相手に接していた。

この弁護士を人脈メンバーとしているのは相手の職業への信頼というよりも、相手の人柄への信頼が基盤にあり、次に必要なときに必要な人を見極めて紹介してくれるだろうという、相手の専門性から生まれるネットワークへの信頼があるように見える。そのネットワークを通して必要な能力やスキル、知恵を持った弁護士へにつないでくれるだろうと思っているのである。この媒介という行動ができることが、人脈メンバーの一つの重要な機能と言えるだろう。

場の効用、技への信頼

医師の場合、病院という「場」が人脈メンバーの構築に図らずも大きな役割を果たしていた。「場」を共有することで、相手についてのさまざまな情報をさまざまな場面で得ることができたからだろう。

相手を選ぶスクリーニングでは、医師もビジネスパーソンも基本的には同じだった。ただし、一つ特徴的なのは、専門職としての技倆の高低が人脈メンバーの重要な要素になっていて、技倆の高い人物が人脈メンバーとして選ばれる傾向が高かった、ということである。

また、双方向の自信の内容は、医師のほうがビジネスパーソンよりも鮮明だった。これは「困ったとき」が、「患者との関係」にほぼ限定されているからだろう。具体的には、相手を助けるための知恵を持っているという自信と、自分で助けることができなくても、相手にとって必要なものを見極め、自分のネットワークにつなぐことができるという自信とが基盤にあった。相手や自分の持つ専門知識や技術を正確に見極めることが、人脈メンバー構築の重要な要素であると言える。

●調査について

本調査は平成一八年度医療科学研究所研究助成金「女性医師のキャリアパス形成」、平成二一年度日本学術振興会科学研究費基盤研究C「女性中間管理職のキャリアアップを支援するための組織マネジメントシステムの研究」で行った調査に追加調査を加えたものである（共同研究者、慶應義塾大学　横田絵理）。

注

（1）Gouldner (1957)、藤本（二〇〇五）を参照。

（2）病院にとっては医局から派遣された医師は正規職員ではあるものの、期限付きのレンタル医師で、ある期間が過ぎると医局の采配によって別の病院に異動していくことは互いに承知のことであった。

（3）もっとも、この傾向は新研修制度導入後の医局の衰退で、昨今ではあてはまらない場合もある。

（4）この四名はすべて医学部教員であり、医局の中心にいた。通常キャリア一〇年を超えると医局を「卒業」する者のほうが多い。

（5）厚生労働省の調査によると、多くの医師は週六〇時間以上勤務しているとされる。平成一八年『医師需給に関する検討会報告書』厚生労働省より。

（6）この場合、医師の共同オフィスという意味。

（7）この場合は、大学病院ではなく一般病院内にある医師たちのオフィスのこと。さまざまな診療科の医師たちが同じ部屋で机を並べている。

	現在の所属	専門	性別	キャリア	現在の役職
1	A 大学病院	小児科	女性	31 年	教授
2	B 大学病院	眼科	女性	22 年	准教授
3	非常勤	内科	女性	20 年*	
4	役所	内科	女性	22 年	
5	C 病院	内科	女性	30 年	副院長
6	D 大学病院	外科	女性	2 年	
7	D 大学病院	外科	女性	1 年	研修医
8	E 病院	内科	女性	26 年	
9	F 病院	産婦人科	女性	2 年	研修医
10	F 病院	産婦人科	女性	1 年	研修医
11	F 病院	産婦人科	女性	19 年	副部長
12	F 病院	内科	女性	1 年	研修医
13	F 病院	皮膚科	女性	6 年	
14	F 病院	産婦人科	女性	2 年	研修医
15	F 病院	内科	女性	17 年	医長
16	F 病院	眼科	女性	17 年	副部長
17	F 病院	産婦人科	女性	7 年	
18	F 病院	外科	女性	4 年	
19	F 病院	外科	女性	4 年	
20	F 病院	内科	女性	10 年	
21	G 大学病院	総合診療科	女性	32 年	講師
22	H 病院	内科	女性	21 年	
23	I 大学病院	産婦人科	女性	21 年	准教授
24	J 大学病院	産婦人科	女性	10 年	
25	K 病院	整形外科	男性	15 年	副部長
26	K 病院	整形外科	男性	12 年	
27	I 大学病院	外科	男性	25 年	准教授
28	J 大学病院	外科	男性	24 年	教授
29	L 病院	整形外科	男性	10 年	医長
30	L 病院	内科	男性	10 年	
31	M 病院	内科	男性	4 年	
32	役所	内科	男性	21 年	保健所長
33	N 病院	外科	男性	12 年	医長
34	N 病院	産婦人科	男性	26 年	部長
35	O 病院	眼科	男性	16 年	副部長

＊育児のため 10 年のブランクあり

表２　インタビューした医師

第5章 女の人脈

女と男はメンテが違う?

女・女・女は姦《かしま》しい？

人脈の作られ方に男女差はあるのだろうか。これが本章のテーマである。「女性は話し好きで、男性よりも人とつながるのがうまい」「女性はパワフルだ」。取材で訪れた企業の人事担当者からそんな話を聞くたびに「そんなの、個人差だ」と心から思うのだが、世間ではそう思われているらしい。たしかに芝居や映画を見ても、大勢の女性が描かれるのは、おしゃべりに興じたり、情報を集めて回ったりという場面だ。落語でも、長屋で井戸端会議に興ずる女性たち（なぜか、おしゃべり・噂好きは必ず中年女性である）は必須アイテムの一つである。良きにつけ悪しきにつけ、女性が登場する場面ではおしゃべりな女性がしばしば描かれる。

女性が生まれ持った性質としておしゃべりである、もしくは人とつながって情報を集めるのが上手である、かどうかの科学的な検証はここではおくとして、「女性イコールおしゃべり」というのは人々が抵抗なく受け入れる定説のようだ。しかし、MBA学生やビジネスパーソンを観察していると、必ずしも女性のほうがおしゃべりというわけでもないように思える。むしろ、男性のほうがおしゃべりではないかと思うことも多い。「姦《かしま》（しい）」という字は三人の女が話しているようすから来ていると言われても、現代では男性も十分に姦しく、漢字からしてあまり実態を表していないと思うのだが、どうだろうか。

女は「気配り」ですか?

企業研修や社会人研修の仕事で、各社の研修内容の相談を受けたり、パンフレットを眺めたりする機会が多くあるが、女性社員向け、特に事務職や営業補佐職の研修とそれ以外には、研修企画の発想からして大きな違いがあるようで興味深い。

女性社員限定の研修では、必ずと言ってよいほど「気配り」がキーワードになる。相手の立場に立ってコミュニケーションをとり、気配りができるようになるための研修である。そして、必ず「デキる女性は気配り上手」とか「円滑なコミュニケーションを心がけて」といった文句が添えられる。女性のコミュニケーション力が高いことと、相手とつながる能力が高いことは疑いのない事実で、研修でそれをさらに磨《みが》こうという発想だ。読んでいて少々背中が痒《かゆ》くなる。

一方で、性別を問わない（しかし、圧倒的に男性が多いだろうと予想される）研修では、「気配り」は特に重要視されない。もっと言うと「気配り」という言葉を見ることとすらない。MBAの学生たちを見ていると男性に「気配り」の研修をしたほうがよいと思うときが多々あるのだが男性向けの気配り研修はない。ひょっとして、「男性は研修しても気配りができないから、やるだけ無駄だ」と思っているのだろうか、などと心の中でツッコミたくなる。ただし、これが「婚活」になると「気配り」の重要性が男性にも説かれるのだそうだ。

女性が男性よりもコミュニケーション力に長《た》け、相手とすぐに仲よくなれることの根拠として引き合いに出されるのが、世界中でベストセラーになった『話を聞かない男、地図が読めない女』[1]からの一節である。同書によれば、太古の昔から男性は狩猟をすることでおのずと集団の組織化や狩猟技術の強化にかかわる能力が進化していったのに対して、女性は集落というコミュニティで共同で育児をし、家事作業を行っていたから、相手の感情を察するコミュニケーション能力が進化していった生き物なのだとする。ただし、この仮説は検証が難しい。

もしも女性が、人とつながること、コミュニケーションをとることが男性より上手な生き物であるとしたら、女性の持つネットワークは男性よりも広がりを見せ、また有効である可能性が高いことになる（もちろん、地位や権限などほかの条件がまったく同じであれば、の話だが）。しかし実際には、女性のネットワークのほうが男性よりも広いと断言できる科学的なデータは乏しく、今のところ女性の持つネットワークのほうが優れているとか広いとかと言い切ることはできない。

本章では、男女という視点から人脈が作られるようすを見てみよう。企業組織や病院組織の中で男性と比較して絶対数が少ない女性社員や女性専門職者が持つ人脈は、男性のそれと同じだろうか。それとも世間一般で言われているように「女性特有の強いコミュニケーション能力」[2]を発揮して多くの人脈メンバーを持っているのだろうか。インタビューを行った七一名（男性三四名　女性三七名[3]）の人脈形成について、もう一度検討してみよう。

女の人脈、男の人脈

最初に大まかな結論を述べておくと、本書の調査では人脈メンバーの中身や作られ方に男女の根本的な違いは見つからなかった。女性だからいろいろな人を知っているということもないし、男性だからつながりが少ないということもない。また、男性のほうが圧倒的に有力者につながっていたり、女性のほうが同性とつながっていたりということもなかった。ただし、男女それぞれつながり方の傾向はたしかにあるようだ。

女の人脈は男

まず、男性の人脈メンバーは例外なく男性であった。つまり、男性が人脈メンバーとして女性を挙げることはなかった。これは今回の調査が質問紙を使ったものではなく、対面インタビューで人脈メンバーを描写してもらうという形式をとったため、挙げられた人数が少なかったことと関係があるかもしれない。

一方、女性の人脈メンバーの多くもまた男性だった。「人脈メンバーとして最初に頭に浮かんだ人を描写してください」と質問すると、全員が真っ先に男性の同僚なり、上司なりを挙げた。同じ質問を繰り返すと、女性医師の場合は、二ラウンド目で先輩や同期の女性医師の名前が五名挙げられた。

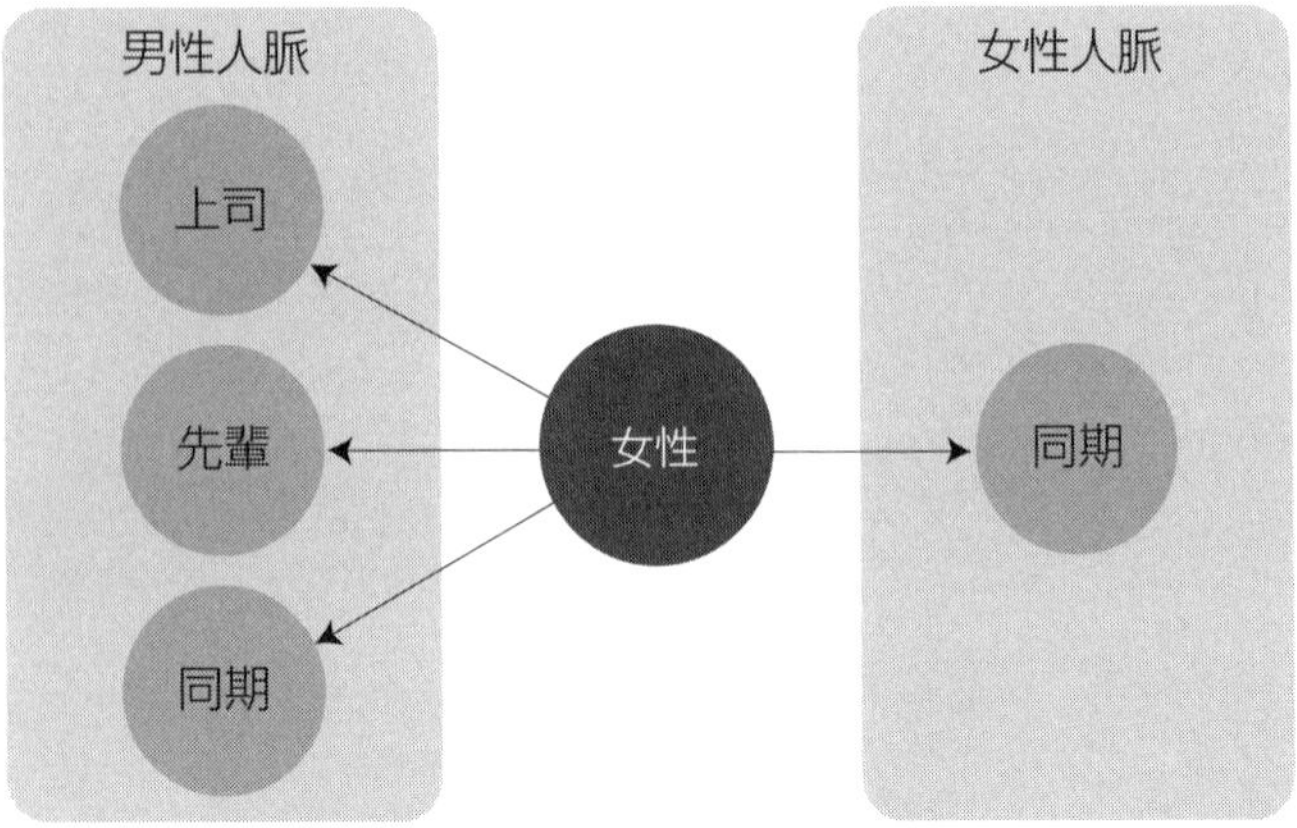

図 12　女性の人脈構成（管理職者）

ビジネスパーソンの女性が同性を人脈メンバーとして挙げたのは三ラウンド目以降で、二名の女性が社内の別の部署や他社で一緒に仕事をした女性の名前を挙げた。

ただし、これには二つの環境説明が必要だ。一つは、企業であれ病院であれ、女性の絶対数が少ないこと。特にある階層より上のポジションに就いている女性の数が少ないために、仕事で接触したり協働で作業したりする相手、自分の意思決定に影響を及ぼす人物は、必然的に男性が多くなる。二つ目に、相手を自分の人脈メンバーと認知するプロセスでは、修羅場を一緒に越えることが重要な要素になる。ここでも修羅場越えのメンバーは男性が多くなりがちだ。こうしたことを考えれば、人脈メンバーが男性に偏るのもうなずける（図12）。必ずしも「男は女を信用しない。女も女を信用しない」という話にはつながらない。ビジネスの現場における絶対数が大きく影響しているのだ。

私たちにはロールモデルがない！

人脈メンバーとして三人目に一期上の女性管理職を挙げたＩＴ会社の課長は、次のように語っている。

「もともと総合職の女性採用は男性よりも少ないです。男性は同期入社が九〇人ぐらいいますが、女性は八人でした。その中で今でも残っている人は四人です。何かあったら頭に浮かぶ相手は、少し年上の女性の先輩です。そもそも女性の数が少ないので、社内でも仕事で目立つ女性は五人ぐらいで、彼女もその一人です。部署が同じだったことはないのですが、たまたま私の大学時代の親友の姉の友人、ということで知っていて、社内のイベントだとか学生リクルートだとかというときにいつも二人が駆り出されて、一緒にイベントの運営をしたので気心が知れています。歳も近くて役職も近いので、いろいろ相談し合います。でも、これはすごくラッキーなことだと思います。女性自体が少ないですから。私たちよりも上の女性はもう、『ははあ～』とひれ伏してしまうようなすごく優秀な人たちで、あまり身近には感じません。違う人種って感じです。当たり前に東大や一橋を出ていて、完璧なバイリンガルで、っていう感じの人が多いです。（少し上の）彼女は、何というか大事な人だと思います」

女性が挙げた同性の人脈メンバーとの間には、仕事上で密度の濃い時間をともに過ごしたこと、年齢が比較的近いことという二つの共通項があった。ビジネスパーソンの二名は、先のＩＴ会社課長のように入社以来知っていたケースと、数年前に知り合いプロジェクトを一緒に立ち上げた外部の会社の人で、年齢や経験数が少し上の相手であった。

ところで、インタビューしたビジネスパーソンの女性から多く聞かれたのが、「自分たちにはロールモデルがいない」という言葉だ。今回インタビュー調査をした相手は三〇代から四〇代半ばまでだったが、特に三五歳から四五歳までの女性からこのような話が出た。ちょうど、男女雇用機会均等法が施行（一九八六年）されたあとの入社で、文字どおり総合職のパイオニア、まだ女性総合職が珍しかった世代の人々だ。先輩のやり方を真似しようにも、そもそも適当な先輩がいなかった。そう考えると、歳も近く、数の少ない似た立場の者同士で固まることは、必然だったのかもしれない。

M字カーブと修羅場

一方、興味深いことに、中堅以上の女性医師が人脈メンバーとして挙げた相手は、全員が医学生時代を含めたキャリア初期からの知り合いだった。これには事情がある。女性医師の場合、結婚・出産など仕事をセーブする、いわゆるM字カーブの底の時期には、夜勤と救急患者が多い大規模病院から離れ、検診や外来中心の民間病院など自分のペースで働ける病院を選ぶ傾向がある。この種の勤務では、比較的ルーティンな業務を担当する。仕事上では物事が不規則かつ高速に推移する「修羅場」をあまり経験しない時期と言える。おのずから、人脈メンバーになるような人と出会う機会も少なくなるのだろう。中堅の女性医師Xは人脈メンバーに医学部の同期を挙げて、次のように語った。

「私は早くに結婚して、想定外に早く子供ができたので、医局を辞めて勤務の楽な民間病院に移りました。主人も同業者で非常に忙しかったので、私が子供の面倒を見なくてはいけなかったのです。いろんな葛藤《かっとう》がありました。周りがバリバリ働いているのに何で私だけがと、ぼろぼろ涙がこぼれることもありました。使っていない自分の聴診器をケースから出してじっと眺めていたこともあります。（中略）Yさん（人脈メンバー――筆者注）は私の医学部の同期です。数少ない女性の同期で、医局も一緒でした。子供も手が離れて復帰した今は九時―五時の仕事ですし、あまり突っこんだことを同僚と話すような環境ではないです。やはり、歳をとってからの知り合いよりも、昔の最も苦しい時期をともに過ごした相手は信頼度が違う気がします」

偶然ながら今回のインタビューでは、彼女が人脈メンバーとして挙げた女性医師Yにもインタビューをしている。Y医師が最初に挙げた人脈メンバーの中に彼女は入っていなかったが、三人の男性の名を挙げたあとに次のように付け加えた。

「医学部時代の友人はみんな持ちつ持たれつだと思う。人脈というと、医学部時代からの仲間[4]は全員があてはまる気がする。さすがに同期全員とは言わないけれど、私の場合、ポリクリで一緒だったグループはその後の国試(5)のときもずっと一緒に勉強していたし、最も苦しい格好悪い自分を知っている人たちです。何かあったら、よほどのことがないかぎり必ず助け合うと思います。一八歳の頃から医師になる前の厳しい時期を一緒に乗り越えてきたからです。ふだん、会うことはほとんどないですが」

彼女にとっては、医学部のポリクリで一緒だったグループの全員が人脈メンバーであり、その中の一人としてX医師を認知している。ここでも、困難を乗り越える共通の修羅場経験が人脈メンバー形成の重要な要素だった。

人脈メンバーになった理由《わけ》、再考

男女にかかわりなく、人脈メンバーはプロジェクトを一緒にやり遂げ、数々の修羅場を乗り越えた同僚や先輩であることが多かった。女性医師の場合も、医学部の同期や先輩以外は、同じ病院で働いていた少し上の立場の人を挙げることが多かった。長い時間、不規則な出来事をともにくぐり抜け、多くの面から相手を知ることで、人脈メンバーとして残っていったのではないだろうか。

さらにていねいに見てみよう。以前からの知己である場合もそうでない場合も、人脈メンバーとは同じ空間で仕事をすることから始まる。多くの場合、プロジェクトなど——共通の目標を持ち、協働で作業し、成果を求められる――の参加者になることから関係が築かれていく。

では、その中で人脈メンバーに選ばれるのはどんな人々だろうか。彼／彼女らの話からは、二つの特徴がうかがえる。

メッセージを発しているか？

まずは出会い。男女ともに共通していたのは、「自分からメッセージを発する相手」との間に関係が生まれやすいということだ。そして、自分からもメッセージを発することで、相手とよりよい関係が作られると考えていた。雄弁多弁とは言わないまでも、要所要所で自分の考えを言葉にすることが大切な要素だった。自分自身もそのように行動すべきだと思っていたし、相手についても考えを言葉で表現する人かどうかを重視していた。

仕事中、問題が発生する。そのときに上層部の意向の語部《かたりべ》になるのではなく、自分で状況を分析し、自分で考え、自分の言葉で語っているか。その発言や事態への対応を観察して、より親しくなりたいと思った相手に近づいている。

キーパーソンは誰だ？

そして、人脈メンバーとして挙げられた人の多くは、修羅場の渦中で中心的な役割を担《にな》った人、もしくは一緒に担った人だった。いわゆる「キーパーソン」だ。キーパーソンは、必ずしも職位が上の者ではなく、「状況を一番よく理解していて、周囲もその人の意見を気にする人」である。「自分の言葉で表現できる人」「職場でキーパーソンと目《もく》される人」という要素のどちらか、もしくは両方（こちらのほうが多かったが）を満たしている人物とその後もつきあいが続き、やがて人脈メンバーに組み込まれていくように見える。

食品B社の男性は次のように語っている。

「その人なりの考え方が見えている人とは、その後もつきあいが続くと思います。これは私も同じです。自分の思いをきちんと周りに言うことによって、周りもわかってくれる。メッセージがあるから理解する側にも回れると思うんです。この繰り返しで、人とつながっていると思います。仕事ができるということは、本当は何を望まれているかがわかることで、それがわかれば自然とキーパーソンになっていくし、人ともつきあいが深くなると実感しています」

人脈メンバーになるだろう相手をどのように見極めるのか。この点で大きな男女差はない。出会った人脈メンバーとの関係を表す言葉は、男女ともに「信頼」である。相手と自分との信頼関係がそのつながりの中心にある。

性の差、歳の差

ただし、人脈メンバーとして挙げられた人には、少しだが男女差が見られる。女性が同性を人脈メンバーとする場合は年齢の近い人だが、相手が男性である場合は年齢の幅が広がる。自分のキャリア初期に上司だった相手を挙げた女性が三七名中五名、⑹現勤務先の院長や医局の先輩など歳の離れた同業者を挙げた女性医師が四名、合計九名が自分よりも一五歳以上年上の人を挙げた。これらの年配者は多くの場合、自分が仕事上で大きく成長した時期に上司なり、指導者なりであった人物だった。

これに対して、男性はほとんどが同世代（プラスマイナス七・四歳）の人物を挙げ、歳の大きく離れた相手は今回のインタビューでは挙げられなかった。

女と男はメンテが違う

男女の違いが大きく出るのは、人脈形成のプロセスではなく、その後の「メンテナンス」である。

質問　「あなたは自分の人脈を構成していると思う人に対して、定期的に連絡をとるなり会うなり、人脈維持のために何らかの行動をとっていますか？」

ほとんどの人が「やらなくてはいけないと思っているが、忙しくてできない」と答えたが、男性二名、女性三名の五名が、つながりを維持するよう心がけていると答えた。定期的に「元気ですか？」などとメールを送ったり、「久しぶりに飲みに行こう」と誘ったり。彼／彼女らは、明確に意識して人脈のメンテナンスを行っていた。

しかし、明確に意識していないにせよ、これに類する行動をとっている人がいるのではないか。そこで筆者は、少し質問を変えてみた。

長時間直球勝負型の男性

質問「あなたが先ほど挙げた人に対して、ふだんどのように接していますか、定期的に連絡をとりますか？」

すると、男性は「相手の知恵や力を借りたいときにメールや電話でコンタクトをして、会って話す（飲みに行く）」と答え、必要なときに相手と接触する人が最も多かった（二〇名）。次に多かったのは、定期的に研究会や飲み会、会議などで会う相手なので接触が保たれているというケース（一一名）だった。

ある商社勤務の男性は次のように語っている。これは男性の場合の典型例だ。必要に応じて連絡をして、なるべく会って相手と話すというスタイルは多くの男性から聞かれた。

「意見を聞きたくなったときには、すぐにメールして相手と飲みに行くようにします。幸いなことに都内にオフィスがある場合が多いので、中間地点で待ち合わせて、まあ、一杯やります。そのときに相手の話を聞くかな。同じように呼ばれたら自分も行きますし。メールでは相談しないですね。面倒ですし、記録が残りますし。本当に急いでいるときは電話で知恵を借りたりするかな。それ以外に飲みに行こうというのは、……口では『今度、行きましょう』と言うのですが、なかなか忙しくて……。ふだんからまめに連絡をとるとかは、あまりしないですね」

時間をとって顔つき合わせ（しばしば一杯やりながら）、あれやこれやとじっくり話をする。本書では、これを長時間直球勝負型と名づけよう。

細切れ時間有効活用型の女性

一方、女性は「ふだんから、少し空いた時間に挨拶に行く」「折に触れてメールをする」など、自分から意識して相手に働きかけ、こまめに会っている者が多い（一三名）。もちろん、男性同様「相手の知恵や力を借りたいときにメールや電話でコンタクトをして、会って話す（飲みに行く）」者も一二名、定期的に会うという人も八名いた（図13）。

女性は空いた時間を有効活用して、こまめに短い時間で会うことが多い。特に何かテーマを決めて

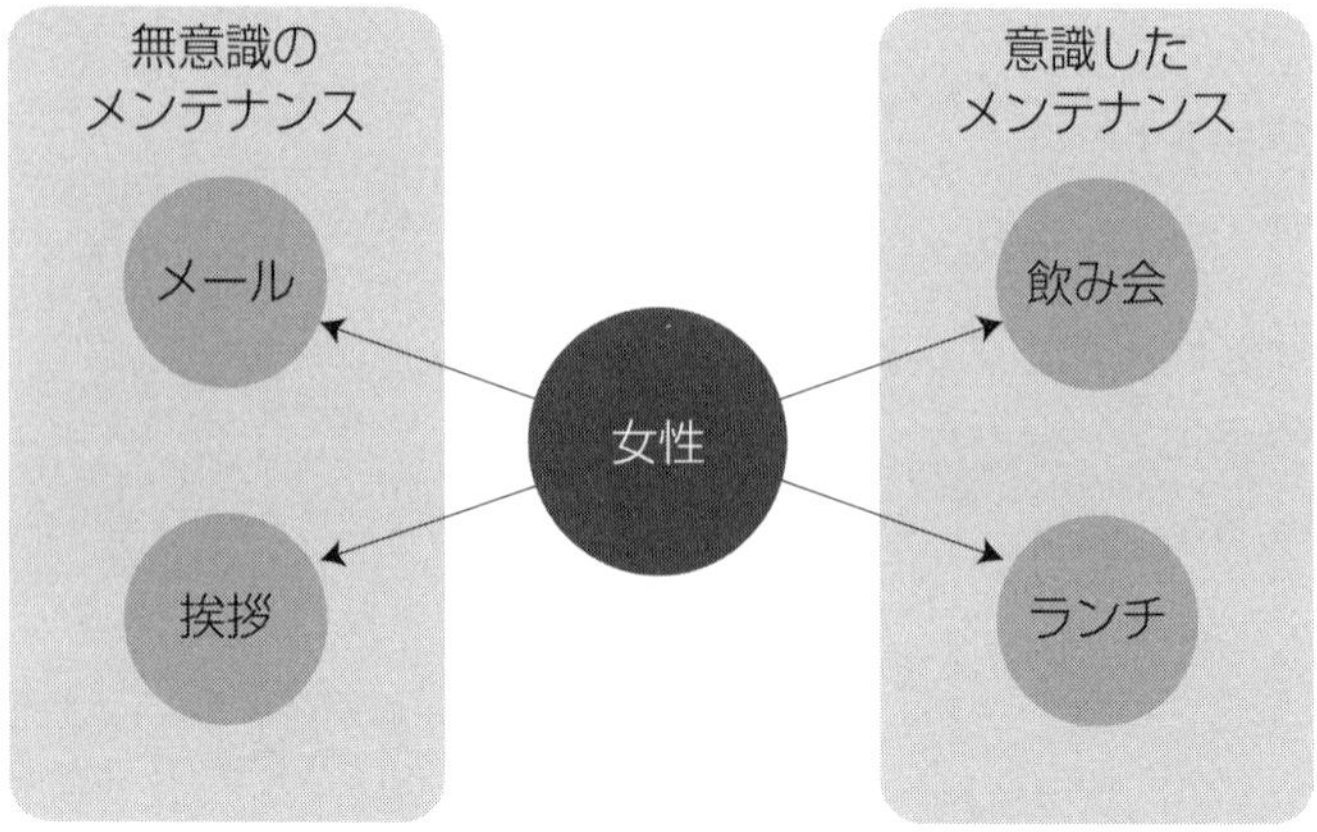

図13　女性の人脈メンテナンスの方法

会うというよりは、偶然にできた五分で直接会いに行って挨拶を交わすといった具合だ。情報を交換し、自分の存在を相手に印象づけるような行動をとっているようだ。金融機関の室長は次のように話す。

「昔の上司が私の人脈というか、何かあったら助けてもらう人ですが、彼とはもう部署が違うのでめったに会いません。ただ、会議があったりして本社に行くときは、少し早く行って彼に挨拶するようにしています。特に何を話すわけでもないのですが、近況を報告したり、相手の話を聞いたりします。よく考えると……そうですね、わりとちょこちょこと、お世話になった人のところには顔を出すようにしています。向こうも喜んでくれるし、情報交換もできるので」

またＩＴ企業の課長は、次のように語った。

「私は子供がまだ小さいので、独身のときみたいに飲みに行けません。子供の迎えもありますし。飲みに行くときは、できるだけ家の近くにしてもらいます。まあ、そういう意味では恵まれているかもしれません。夜は家族のために時間を使うので、ランチタイムはなるべくいろんな人をご飯に誘うようにしています。毎日違う人とランチをしようと決めて、これが妙な動機づけになっています。その人（人脈メンバー——筆者注）も、会議や用事があって、その人のオフィスの近くまで行くことがわかれば、すぐにメールでお誘いして、なるべくお目にかかるようにしています。ランチができなくても、近くに行ったら必ず顔を出します」

さらに、中堅の女性医師は、次のように話す。

「ふだんは忙しいので、会ったり話をしたりということはまったくありません。病院から出ませんから。ただ、学会に出たり、前の病院での会合に出たりするときは、いろんな人を見つけて話すようにしています。『まあ、お久しぶり！』って。ストレス発散にもなりますし、情報の収集にもなりますから」

インタビューからは、男性がアポイントメントをとり時間を作ってもらって相手と会い、多くの場合「一杯やりながら」相談したり情報交換したりしているのに対して、スタイルはまちまちだが女性は空いた時間を有効に使って、「こまめに接触」しているようすがうかがえた。意識してやっているというよりも、無意識に人脈のメンテナンス行動をとっている女性が多かった。男性のメンテナンスの仕方が長時間直球勝負型なのに対して、女性のメンテナンスの仕方は細切れ時間有効活用型とでも言えそうだ。

女性の人脈——はたして広いのか？

恐怖の女性インフォーマル・ネットワーク

女性は社内の組織を越えたインフォーマルな情報網を持っている——この手の話はいたるところで男性の口から聞く。MBAの授業でも「社内のインフォーマルな情報ネットワーク」というテーマでディスカッションをすると、毎年「給湯室やトイレで作られる女性ネットワーク」について、自分の会社での経験を語る学生が登場する。彼らは「女性はセクションを越えたつながりを持っていて、情報交換していますから怖いです。ウチの会社では、古参のお局《つぼね》様を敵に回すとやっていけません」と真顔で恐怖体験（？）を語ってくれる。男性比率が高いビジネススクールのクラスでは、多くの学生たちが「わが意を得たり」とばかりにうなずき、クラス中がざわざわする一瞬である。

社内のゴシップは男女を問わず好きな人は積極的に収集するだろうし、仕事にかかわる情報ならば誰しも耳を傾けるだろう。しかしなぜか男性は、女性が給湯室やトイレで部署や職位を越えて情報交換しているという幻想を持つようだ。そもそも女性が今どき給湯室にいるのか、という素朴な疑問もわく。こうした話をよくよく聞いてみると、多くの場合、女性がおしゃべり好きで多くの情報を握っているという図式は、秘書やアシスタントなど上位職者の周辺にいる女性たちを指していることに気がつく。

エリック・シーガルの小説『ドクターズ』に次のような場面がある。ワシントンD．C．にある国立衛生研究所に抜擢《ばってき》された世渡り下手な主人公の女性医師に、幼なじみの精神科医が仕事初日にわざわざ部長の秘書に電話をかけ、彼女を呼び出してもらう。「直通番号を知っているのに、なぜその番号にかけてこないのか」といぶかる主人公に、彼はこう語る。

「きみが部長室に来てさりげなく部長に、最低でも秘書に会えるよう策を巡らせたんだ。秘書とはぜったいにうまくやるんだよ——影の実力者はたいてい秘書だから」

精神科医が指摘しているように、主要な役職者の秘書やアシスタントの女性は「影の実力者」と考えられることが多い。この場合、影の実力者とは、大きな情報ネットワークを持ち、（その気になれば）波及力が広い人物のことを指す。彼女たちは組織の中の主要な意思決定者ではないが、その周辺で観察者となり、ボスたちから漏れ聞く情報を女性同士の横のつながりで集約して握っている。彼女たちが実力者と言われるゆえんは、その気になれば自分たちの持つ情報とネットワークを使って世論や上位職者に働きかけることができると考えられているからだ。もっとも、本当かどうかはその場になってみないとわからない。

彼女たちは、「身近な観察者」であるからこそ、したがって「意思決定者」ではないからこそ、相手の日常に深くかかわり、インフォーマルな情報を手に入れることができる。当事者以外の目には、（実際は違うかもしれないが）こうしたことから彼女たちが「影の実力者」と映るのだろう。

「影の実力者」シンドローム

「身近な観察者」と組織における意思決定者は根本的に異なる。意思決定に携わるようになると、相手と同等に意見交換をしなくてはいけない。女性がアシスタントでも秘書でもなく意思決定者の一人として仕事上の責任を背負った場合は、影の実力者ではなく、正真正銘の実力者となることが求められる。これはいわゆる「影の実力者」が持つ身近な観察者としての特権とは対極のところにある。

しかし、女性が意思決定をする立場になったとしても、彼女の周りの男性たちは依然として「おしゃべりでネットワークが広い女性たち」という固定概念を捨てられないために、「女性は直接に上位職者にアクセスできる」と一括《くく》りにされる場合が多い。女性というだけで、色眼鏡で見られがちなのだ。実際はそうでなくても、男性にとっては女性の人脈が自分の持つ人脈より広く「よりよい何か」があるように思われるのだ。

隣の芝生は青い

女性が男性の人脈について語ったことをまとめてみよう。

- 自分には家庭があるので（＝男性にだって家庭はあるのに、家事を負担しない場合が多いので）、アフターファイブを男性と同様に人脈の拡大に費やせない。
- 男性だけのコミュニティ（何人かは「おじさんネットワーク」と呼んでいた）に女性は入っていけない。この「おじさんネットワーク」で組織のいろいろなことが決まっている気がする。そこに女性が入るのは難しい。
- 親分子分の関係がはっきりしていて、自分は常務派とか社長派などと思っている。こうした親分子分の関係やそのつながりに女性は入っていけない。

一方、男性は女性の人脈について、こんなふうに思っている。

・女性はどこでもフットワーク軽く話しに行くので、男性よりも多くの人を知り、有効な人脈を持っているのではないか。
・女性は数が少ないから男性よりも覚えてもらえるし得だ。上司だって、男性だと不機嫌な顔をするくせに女性には甘い。その意味で、女性のほうが人脈を作りやすいと思う。
・女性のほうがこまめにメールをしたり、連絡をとったりしていると思う。男性にはそんなこまめさはないし、痒いところに手が届くような「気配り」は面倒くさくてできない。

男性からすると、現状では男性と同等の仕事をする女性が組織の中で少ないために、さまざまな意味で目立ちやすく、自分が入っていけない場所にアクセスすることもできるように見えるのかもしれない。女性が「軽い気持ち」で多くの人にアクセスし、結果的にメンテナンス行動につなげている姿は、男性から見ると「女性はつながるのがうまい」と思う根拠となるらしい。

一方で、女性からは男性同士のネットワークに入れないと感じる声が多かった。彼女たちは、男性の持つ人脈は自分たちの人脈と違うのではないかと感じている。多くの女性が「おじさんネットワーク」の存在を挙げ、男性たちは女性の参加できないアフターファイブの飲み会で会社の重要なことが決まっていると語った。

「男の人たちのつながりとかノリみたいなものは感じます。結局、よくわからないところで、おじさんたちが話し合って大事なことを決めているような。ずるいなと思うときはありますけど、私が一緒の立場でやれるわけではないし、あまり考えないようにしています。『私は私の仕事をすればいいや』と思うようになりました。若いときは気になっていましたが、今のポジションになったら、もうどうでもよくなりました」（金融／支店長）

筆者の調査では、男女の人脈について決定的な違いがあるとは言えなかった。男女ともほぼ同じ数の人脈メンバーを挙げ、多くの人が「自分は人脈メンバーが少ない」と考えていた。にもかかわらず、お互いが相手の人脈に自分のものより「よりよい何か」があると考えているのだ。

女性のネットワークは多種多様

しかし、人脈とまではいかなくても、ネットワークという点では女性のほうが多様なネットワークを持っているようだ（もちろん、これも個人差はある）。

自分の持つネットワークを挙げてもらったところ、男性は社内を中心に仕事関係が中心だった。仕事以外となると、趣味のネットワークと学生時代のネットワーク（この二つは重複している場合も多い）が挙げられたが、それらのネットワークに属する人との関係が今でも活発に続いていると答えた者は三四名中九名にすぎない。多くの男性は「仕事が忙しくて、仕事以外ではあまりない」と答えている。なお、地域のコミュニティでネットワークを持っていると答えた男性は二名だけだった。

一方、女性は年齢が高くなるほど仕事以外のネットワークを持つ傾向も強くなる。もちろん、男性と同様に仕事関係のネットワークが最も活発だったが、次に来るのが子供関係のネットワーク。これは地域コミュニティのネットワークでもある。たとえば、小学校のPTA活動、保育園の親同士、子供を預け合うワーキングマザー同士のつきあいなどなど、子供をキーワードにした社外ネットワークでは、女性のほうが圧倒的だ。ただし、この「子供ネットワーク」は、子供が保育園から小学校低学年までの間は活動が比較的活発だが、子供の年齢が上がるにつれて希薄になっていく。

子供のいない女性でも、趣味のネットワークで休日や仕事後に集まることが多く、それが知見を広めることに役立っているようだ。女性三六名のうち、仕事以外のネットワークでの活動が活発であると答えた者は二九名で、男性の九名と比較しても多かった。ネットワークという点だけから見ると、男性のほうが仕事中心で同質性の高いネットワークを形成し、女性のほうが比較的多様なネットワークを持っているようだ。

男性ネットワークの同質性

隣の芝生は青く見えるものだが、それにはこの男性のネットワークの持つ同質性が影響しているかもしれない。一般に、同質性の高い集団は内向きで排他的になりやすいとされる(7)。ネットワークを構成するメンバーと深く交わり、互酬的な関係が基礎になるため、ネットワークに対するコミットメントが高く、またそこで得る情報についてもほかと比べて機密度が高い場合が多い(8)。

男性の持つネットワークの主要なそして大半は、仕事に関連したネットワークだった。女性が仕事以外のネットワークでも活発に活動していたのに対して、男性は仕事のネットワークを最も重要なものとしていることが多い。インタビューで、職場に「おじさんネットワーク」が数多く存在し、女性はそこに入れないと感じる人が多かったのは、男性のネットワークが企業を中心に作られた内向きのネットワークで、似たような人間（この場合、仕事中心の男性）を好む排他性の高いものになっているからなのかもしれない。そして、この種の同質ネットワークを好む男性たちは、いろいろなネットワークを持つ女性たちに対して違和感を覚えるのかもしれない。一方、多様なネットワークを持つ女性からすれば、排他的な「おじさんネットワーク」は最も入りにくい不可思議なものなのだろう。

男女差は問題か？

さて、本章では人脈の男女差に焦点を当ててきたわけだが、じつのところ、筆者は男女の差をことさら強調したいとは思っていない。むしろ重要な点は、男女差を議論するよりも、それぞれが自分のネットワークの状態や特性を知ることだ。自分の持つ最もアクティブで主要なネットワークが同質的なものだと理解したら、次の機会には違う種類のネットワークに触手を伸ばしてみるのも悪くないだろう。少し違う世界に目を向けるのもよいかもしれない。

自分の持つネットワークを把握することで、今後どのような人と知り合い、ネットワークを広げていこうかと考えることができる。そして、その中から今までとは違った人脈メンバーと出会えるかもしれないのだ。

男女のちょっとした（しかし不思議な）違いを知ることも、また実態以上に違っていると思い込む理由を知ることも、すべて自分を知るためのヒントなのだ。

注

（1） Pease and Pease（2000）（藤井留美訳（二〇〇〇）『話を聞かない男、地図が読めない女——男脳・女脳が「謎」を解く』主婦の友社）

（2） 男性の職業内訳（ビジネスパーソン二三名、医師一一名）。

（3） 女性の職業内訳（ビジネスパーソン一三名、医師二四名）。

（4） 医学部高学年の病院実習のこと。

（5） 医師国家試験。

（6） いずれもビジネスパーソン。

（7） Coleman, Katz and Menzel（1957）を参照。Coleman は社会的関係資本の概念からネットワークについて考察した。

（8） Jones（1996）を参照。

第6章 人脈の構造を読み解く

なぜ、どうやってできるのか？

ここからは本書で提供してきた洞察をまとめ、ビジネスパーソンがどのように振る舞えば優れた人脈を獲得できる確率が高まるかについて考えてみよう。「確率が高まる」と控えめに書いているのは、筆者の学者としての良心からだ。調査からの視点を読者諸氏にお見せすることはできるが、それを咀《そ》嚼《しゃく》して自分なりの方法を見つけることは本人にしかできない。筆者にできるのは、有効な人脈を構築する確率を高めるための知恵を整理して提供することだけだ。ある人にとっては非常に役立つヒントになるかもしれないが、ある人にとっては「ナルホド」で終わってしまうかもしれない。人を扱う学問の難しさで、即効性の保証は難しい。

たとえて言うならば、こういうことだ。リハビリテーションの専門医は、現代科学の知見を結集してリハビリテーション・メニューを作り、患者に提示することはできる。しかし、実際にトレーニングをするのは患者だ。よいリハビリ・メニューを手に入れたとしても、患者が強い意志を持ってやらないかぎり身体は動かないだろう。

いずれにせよ、これまでの調査から得たことを整理し、新たな視点を提供したい。

人脈メンバーへの三ステップ

これまでの繰り返しになるが、人脈形成のプロセスを時間の流れに沿って整理しておこう。人脈形成には大きく分けて三つの段階がある。①出会いの段階、②相手を見極める段階、そして③人脈メン

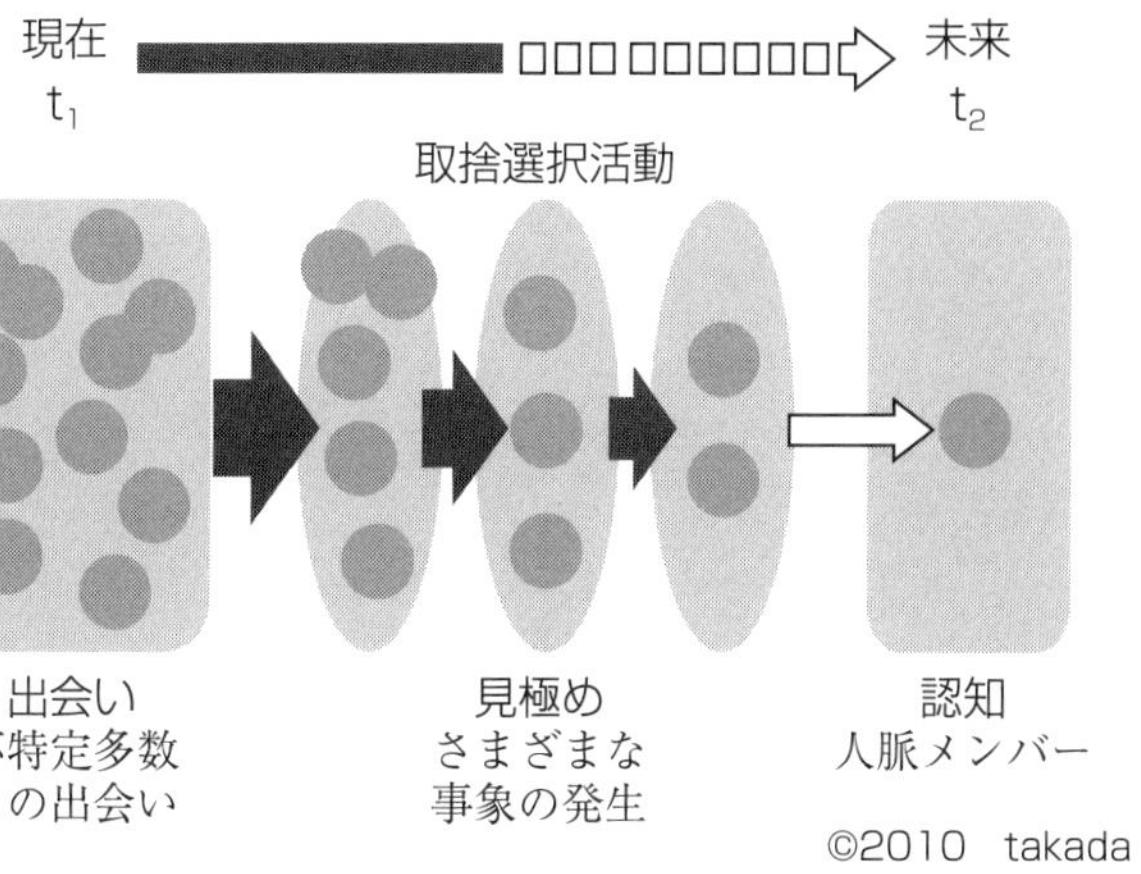

図14　人脈メンバーの認知プロセス

バーとして認知される段階だ。

図14は、プロジェクトで出会った人々が自分の人脈メンバーとして認知されるプロセスを時系列にまとめて概念化したものだ。楕円は自分たちが経験したさまざまな出来事を示している。多くの経験を通して相手を評価し、ゆっくりと見極め、そして取捨選択していく。①

相手を選ぶ

当然だが、出会いがないと始まらない。そして、ビジネスパーソンには日々多くの出会いがある。営業職であればかなりの数になろう。インタビューをした多くの人々が「人脈は、一緒にプロジェクトなどを行った経験から生まれている」と語っている。共通の目的を持って働き、苦労したこと、一緒に修羅場《しゅらば》をくぐったことが、人脈メンバーへの契機になりやすい。

キーパーソン、キーマン、核となる人、と呼ばれ方はさまざまだが、ほとんどのビジネスパーソンが異口同音に語ったのは、ビジネス上の関係を築く初期の段階では、集団の中から意思決定の中心となる人物を探し、意図的に近づくということだ（多くの人が「キーマンの当たりをつける」という表現を使った）。

同様のことを医師も語っている。ある中堅の男性医師は、

「新しい病院で仕事をするときに、その医局で誰が一番中心となっているかとか、誰が一目置かれているかとかを最初に見極めます。そして、なるべくその人たちと話すように心がけます。彼らとうまくやっておいたほうが得ですから。これは看護師さんやコメディカルの人たちでも一緒です。よい関係を作らないと仕事が回りません。僕たちは、若い頃は多くの病院をローテーションで回るので、その場にうまく溶け込んで仕事しやすい環境を作るというのが、すごく大事なんです。その後のつきあいでは二つに分かれますね。特には会いたくないという人と、非常に仲よくなってその後も連絡を取り合って助け合う相手と。その中で出会った幾人かは、本当に自分の財産だと思っています」

と語り、出会った中でマークする何人かを選び、自分からコミュニケーションをとっていくという。

観察、評価、取捨選択

接点が生まれたあとは、仕事上の意思決定の仕方や振る舞いなど、さまざまな視点から相手を観察し、評価し、ある種の取捨選択を行う。見極めといっても、一瞬のうちに相手を見抜くような神業《かみわざ》的な所業のことではなく、時間をかけて多くの経験を共有しながら、今後もつきあっていきたい人なのか、その場かぎりの人なのか、将来を見据えた雑駁《ざっぱく》な仕分けが繰り返され、残っていった人が人脈メンバーになるということだ。ただし、見極めにどれだけの時間をかけるかは千差万別で、とても一概には言えない。

興味深いのは、仕分けによって一度は途切れた人でも、時が経って再会し、その後人脈メンバーになることも大いにありうるということだ。自分も相手も変化し、成長しているのだから、当然なのかもしれない。

残っていく感覚

残念ながら、「相手を見極めるためのポイント一〇カ条」といった類《たぐい》のものは、（少なくとも役に立ちそうなものは）筆者には提供できない。正直なところ「人それぞれ」だ。たとえば、金融機関の男性支店長はある人脈メンバーとの一五年にわたる関係を振り返って次のように語った。

「一緒に仕事をしていると、接点が多くなるのでその時期には非常に近しくなります。その分、相手のことをよく観察するようになります。長く関係が続く人は、僕の場合はレスポンスが早いこと、思いを言語化できる人です。そういう人とは長く続きます。多くの人の中から、そういう人が残っていったという感じです」

彼の見極めの判断軸は相手のレスポンスの早さと、言葉で相手に自分の思いを伝える言語化能力だった。「残っていったという感じ」という言葉からもわかるように、さまざまな出来事を経て無意識に取捨選択され、長い時間をかけて関係が強くなり、人脈メンバーとして認知していったのだろう。

また、ある中堅の女性産婦人科医師はこう語る。

「その人は昔の上司です。なんやかんやで、もう一〇年近いつきあいです。産婦人科は外科の一種なので、手術があります。彼の手術はうまいなあと思いました。今は（手術を見せてもらうこと自体が）なくなりましたけれど、一緒の病院だったときはよく見学させてもらいました。私の場合、腕の確かさというのが大事な気がします。人柄ももちろん大事です。ただ、同業者の場合は、やはり腕のよさとか確かさが気になります」

この女性医師の場合は、医師としての技術が見極めの判断軸になっている。見極めを意識的に行うのか無意識なのかについては、まちまちだった。中には、「この人とは長く接点を持っていたい」と思って自分から働きかけ、いわば初志貫徹した「戦略的人脈構築」とも言えるケースもあった。しかし、彼／彼女らの多くはさほど意識的ではない。最初こそ意識的に相手を選んではいるものの、その後は時間の経過とともに相手に対する評価が固まり、いつしか人脈メンバーになっていく。先の図に従えば、第一ステージは意識的に選別、第二ステージは無意識のうちに推移し、気づいたら第三ステージ（人脈構築）にいた、という具合だ。

人間性評価軸の共通要素

仕事か人柄か

ただ、先ほど、「見極め一〇カ条はない」と言ったのだが、じつは大まかな共通項はある。それが「仕事評価軸」と「人間性評価軸」だ。

仕事評価軸は文字どおり「仕事がデキる」ことを重視する評価軸だ。その内容はそれぞれの置かれている環境やポジション、本人の性質によってさまざまだが、仕事に関係のあるスキルや能力を具体的に挙げる人が多かった。しかし、相対的には仕事評価軸よりも人間性についての評価のほうが重視されているようだ。

人間性評価軸では、彼／彼女らに共通して重要視されているポイントがある。それは、相手に対して好意を持っていることと、自己開示の高さである。

好意を持てば、好意を持たれる

今回のインタビューの対象者は、すべて自分が挙げた人脈メンバーに対して皆一様に好意を持っていた。見極め段階で相手の評価をしながら、同時に相手に対して好意を抱くようだった。相手が「自分のために一肌ぬいでくれる」ためには、相手の地位や権力にかかわらず、非常に泥臭い部分で相手に対して好意を持つことが重要と考えられていた。その背景には、「自分が嫌いな相手は、相手もたいていは自分を嫌い」「自分が相手に好意を持つと、多くの場合相手も自分に好意を持つ」という経験則的な理由があるようだった。

相手のことを利用し、相手も自分のことを利用するというギブ・アンド・テイクのみの関係については、否定的な見方が多かった。「相手のことは大嫌いだが、相手の能力や地位が高くて利用価値があるから人脈メンバーだ」というようなドライな関係は、職業を問わずインタビューからは見つけられなかった。

これは興味深いことである。新入社員のときから「嫌いな人と我慢してつきあう」ことを教えられ、「商売と好き嫌いは別」とたたき込まれ、いつの間にか好悪《こうお》の感情を相手に持つことに躊躇《ちゅうちょ》するものだが、人脈メンバーについては違うのだ。好意を持っている相手とより長く深くつきあうことを望むという、人間の自然な感情が重視されている。相手との間に友好な関係がないかぎり、人脈メンバーにはならないのだ。嫌われ者だが大きな権力を持っているので周りに人が群がるということはあるだろうが、そのような人は自分の地位や役職の凋落《ちょうらく》と同時に人も霧散《むさん》していく。苦しいときにお互いが一肌ぬぎ合うためには、相手に好意を持っていないと難しい。これは人間であるからこその原理かもしれない。

人脈メンバーは程度の差こそあれ、好意を持つことから始まるのだ。

最も大事なのは

最も重要と考えられていた点は、自己を開示しているかということだ。自己開示とは、「自己に関連する新しい、通常はプライベートに属する情報を一人あるいはそれ以上の他者に誠実に意図的に伝達する言語行動(2)」、簡単に言えば、自分にかかわる情報を他人に教えるということだ。自分は相手に対して包み隠さず話しているか、また相手も自分に対して包み隠さず話してくれるか。つまり、双方向で情報を提供し合う関係が成立していることが重要であり、人間性の評価に大きく影響していた。

たとえば、ある男性社員は「今でも、難しい局面にぶつかると連絡をとって知恵を授かる」というかつての上司になぜ魅力を感じるのか、こう答えている。


「彼は自分の経験を惜しみなく話してくれる。こんなことまで話してくれていいのか、と思うときすらあります。それが自分にとって非常に重要な勉強になり、ありがたい。自分のことを信頼してくれているから、ここまで話してくれるのだと思っています。彼の期待に応えたいという気になります。自分も部下に対してああいうふうになりたいと思って、いろいろ話すように心が

けています」(運輸/男性)

また別の業界のある男性は別の表現で自己開示について語っている。

「長続きする関係は『お互いさま』の関係だと思います。自分のことも話すし相手も自分のことを話す。こういう関係でないと長くは続かないです。中学生ではないからもちろん何でもかんでも話すっていうことはないです。ただ互いに腹の中をある程度見せるのが大事だと思います」(建設/男性)

自分の考えや自分の置かれている状況を他人に知ってもらう行動、つまり自己開示をしていることが相手から人脈メンバーとして受け入れられ、同時に相手からも情報を引き出す重要な手段であり、周囲とのつながりを多く持つための一つの鍵なのだ。

一方が自己を開示し、他方が返すという双方向の往復が続くと、相手についての情報をより多く得、互いにより深い評価が可能になる。長い時間をかけて自己を開示し合うことによって、ある種の情報の循環系(3)が生じる。その結果、相互に信頼しコミットメントし合う関係が生まれる。人脈メンバーとの関係についても、多くの人が「(相手が自分の行為に対して)何かのかたちで返してくれると思います」とか「長いつきあいの相手」と語っているように、自分の行為から即時的・即物的に見返りを期待するのではなく、長いスパンで相手との関係を考えていることがわかる。

人脈メンバーへの思い

このようなプロセスを経て人脈メンバーとして認知された場合には、共通した特徴が見られる。

対等な関係

専門職を含めたビジネスパーソンの多くは、人脈メンバーとの関係を対等なものととらえている。正直に言うと、筆者は調査前、ビジネスパーソンにとっての人脈メンバーは有力者や権力者であり、その人の力を自分のために利用できることが重要だと想像していた。しかし実際には、人脈メンバーとはそのときどきの濃淡はあれ、長くつきあえる相手で、かつ対等な立場で双方向にやりとりができる人々だった。

もちろん、誰だって有力者や権力者が自分の人脈メンバーならありがたいと口では言うが、必死に有力者とのつながりを求めようとはしていない（実際には、筆者のインタビューから離れると有力者に群がっている人もいるのかもしれないが）。彼／彼女らの多くは、相手が自分のために一肌ぬいでくれるのみならず、自分も相手のために一肌ぬぐと考えており、一方的に相手を利用する関係をよしとはしていない。

典型的な発言をいくつか紹介しよう。小売業の男性中堅社員はあるショッピングモールの立ち上げで丁々発止《ちょうちょうはっし》やり合った不動産会社の現次長を人脈メンバーとして挙げ、当時のことをこう語った。

「相手の（不動産）会社は日本を代表する名門企業ですし、じつは僕は就職活動のときにそこを一次で落ちているんですよ。名門大学出身者ばかりの会社ですからね。門前払いに近かったかも。一緒に仕事を始めて最初のうちは、こちらがなんか下手《したて》に出ている感じがしました。気後《きおく》れしていたというんでしょうか。当時まだウチの会社は小さかったですし。大変でしたよ。（仕事が本格化するにつれて）毎日本気になって戦いました。ウチも社運をかけていましたから、引けません。彼らといろいろやっていくうちに、核となる人間が自然と生まれてきました。私もわが社のチームでそのような位置でした。（中略）彼と今でも続いているのは、僕が聞けば彼は必ず答えてくれると思っているからです。もちろん、僕も同じです。（もしも助けを求められたら）自分もできるかぎりのことを相手にすると思います。とは言っても、今は二人とも一緒に仕事をするような部署にいませんがね。ひょっとしたら、ウチのような小さな会社があのデカい会社の人にそんなことを思うのは変かもしれないけれど、彼が何か頼んできたら、できるかぎりのことをすると思います」

ある内科医（男性）は、自分の人脈メンバーについて次のように語る。

「嫌いなやつはどんなに有名で力があったとしても、長くつきあいたくないし、人脈だとは僕は思えない。そういうのが好きな人もいますけどね。権力者好きというか。大学医学部で偉くなろうと思ったら、教授の一の子分でいないとだめです。まずはね。双方向というよりもこれは一方的ですよ。下僕《げぼく》です。まあ、今はだいぶん変わってきましたけれど。権力を崇拝してしまって、腰巾着《こしぎんちゃく》になってもいいという人もいますよね。でも僕はいやです。変わり者ですね。対等な関係でないと、長くは続かないと思う。長くつきあうと、良いときもあれば悪いときもある。与えるときもあれば助けてもらうときもある。そんなものだと思います」

相手への二重の自信

人脈メンバーに対して持つ心理的状態にも特徴が見られた。先の、相手との関係が対等でかつ双方向であることの意味を聞いていくと、多くの共通した回答に出会う。

前述の食品会社の男性課長は、海外現地法人で一緒に苦労した相手を人脈メンバーとして挙げた。

「彼は、私が海外ジョイントベンチャーで苦労していたときの現地側の代表だった人です。それはそれは厳しい仕事でした。一緒に辛酸をなめて、はいずり回って（現地の）会社を建て直したという気概がお互いにあるからかもしれません。（中略）最初はぶつかりました。腹も立ったし。ただ、自分の持っている情報、自分の思っていることをはっきりと包み隠さず言うようにしたことがよかったのだと思います。相手も、思っていることを言ってくれるようになったし、真の意味での信頼関係ができたと思います。

つかみ合いに近いことも何度もありましたよ。最初は、相手のことも会社も大嫌いでした。言葉も私はネイティブではないですし、あっちの日本語もあやしいものですから、向こうのすべてがだらしなく見えてしまって。『本社の言うとおりやれよ』などと思っていました。でも多くの話し合いとけんかのあとに、自分たちの考えが甘かったことがわかりました。今はいい思い出ですけれど。

貸し借りで言うと、こちらが本体ですからあっちのほうが借りが多いかなあ。でも、そんなことはまったく関係ないです。将来、きっと彼は何らかのかたちで助けてくれると信じています。私も何かあれば、どんなことをしても相手を助けようとすると思います。子会社と本社という関係はまったく自分たちには関係ありません。よきパートナーだと思います。いや、ソウルメイトです」

ここで注目したいのが、人脈メンバーに対して持つ二重の自信である。それは、「自分が相手に助けを求めたときに（状況によっては実行できないかもしれないが、できるかぎり）相手が自分を助けてくれるように努力する」という相手の行動に対して持つ自信と、「相手が何か助けを求めたときに、

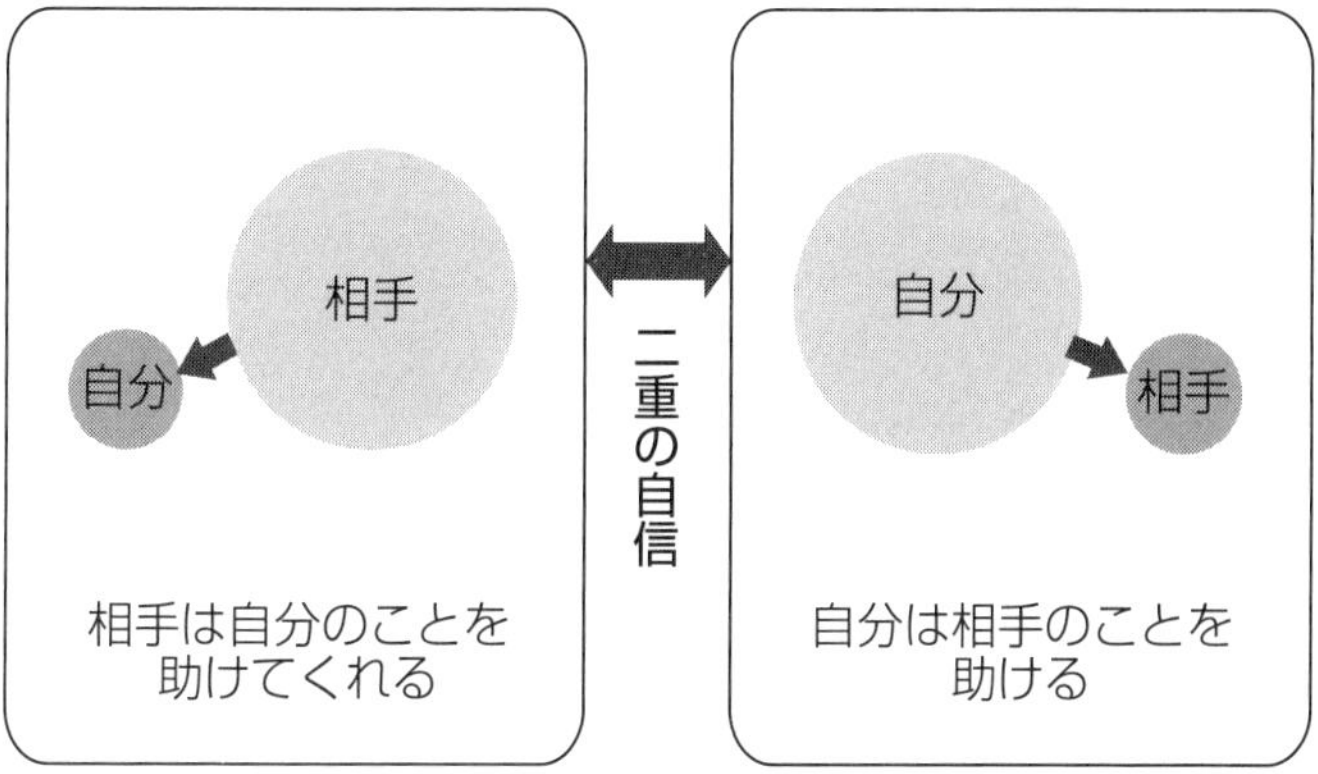

図15　人脈メンバーへの心理構造

自分は（状況によっては実行できないかもしれないが、できるかぎり）それに対して応える」という、自分の未来の行動に対する自信の二つからなる。

図15は、この自信の二重構造をイメージ化したものだ。

自分への自信

自分が相手を将来助けることができるだろうという自信を持つことは、未来の自分の仕事遂行能力に対して自信を持っているということだ。バンデューラ(4)（Bandura, A.）は、いまだ達成していない行動でも、「自分はその行動ができる」という自信を持った状態、つまり自分たちがある行動をとればこのような結果を得られるであろうという自信のことを「自己効力感」と呼んだ。

多くの研究によると、自己効力感を持った状態は行動のアウトプットにプラスの影響を与える。つまり、「できる」と思って行動したほうが、自信のないまま行動するよりも物事の成功確率が高くなる。自己効力感が発生する最も大きな原因として、バンデューラは成功体験の積み重ねを挙げている。

自分が相手を助けることができるという自信を持つということは、自分の仕事に対して自信を持つということだ。人脈メンバーと対等かつ双方向の関係を求めるビジネスパーソンにとっては、この二つの自信を持つことで人脈メンバーとの関係をより安定的で長期的なものと考えられるようになる。

「お返し」の法則

これまでの調査から、人脈の持つ基本的な構造が浮かび上がってくる。人脈の基盤となっているのが対等な関係だとすると、そのための基本行動は「お返し」となる。長い時間軸を持ったギブ・アンド・テイクの連鎖である。

相手から助けられたり、恩恵を受けたりすると、人間はその性質としてお返しをしないと心理的に不安定な状態、気分が悪い状態になる生き物のようだ。この性質は、学術用語では「返報性の原則」と呼ばれ、人間の基本的な性質の一つとされている。[5] 人は相手から恩恵を受けると、それに対して「お返し」をしなくてはいけない気持ちになり、相手との心理的貸借関係を均衡化するための行動に出る。[6] 相手に何かしてもらったのに何もしないでいると、相手から常識はずれとか恩知らずなどと思われるのではないか、また恩知らずということが自分の所属しているコミュニティに広まり、自分の評判が悪くなるのではないかと考えるからだ。[7]

相手から一方的に何かしてもらいながら何もお返しができない状態は、特に長期にわたった場合には居心地がすこぶる悪い。今すぐ「お返し」をして自分が恩知らずではないことを周りに示したいし、不幸にも今は何もできないなら、せめて「お返し」の気持ちを持つことで、自分自身を納得させたい。こうして私たちは、なるべくこの居心地の悪さを解消するような行動をとろうとするわけだ。

「相手が一肌ぬいでくれる」「自分が相手のために一肌ぬげる」という二重の自信も、別の見方をすれば相手との関係を長い時間軸の中で考え、その長いつきあいの中でお返しをする、という基本的な発想があるからではないだろうか。

与えるものなくば、求められず

インタビューで特徴的だったのは、自分が相手に対して何も与えるものがないと、相手とのかかわりを積極的に持つことに躊躇《ちゅうちょ》する人が多かったことだ。これも返報性のなせる技である。相手に何かしてもらったのに「お返し」ができないような状態を心苦しいと感じるのだ。

商社の子会社社長はこう述べている。

「私はもともと営業マンですから、いろいろな人とお目にかかりました。この子会社を立ち上げて、仕事がらみで、政財界の有力者などさまざまな人と知り合いになりました。社内の出世と一緒で、ポジションが上がるといろんな人と会うことになります。ときどき仕事上で食事をしたりしますが、これら偉い人たちが自分の人脈だとは、人前では言えないです。ひょっとしたら何か頼んだら私のために一肌ぬいでくれるかもしれない。でも、やはり自分にとって人脈だと思う人は、今まで一緒に汗を流してきた人です。もちろん、偉い人たちも人脈って言えばそうなんでしょうけれど、私の中では大きな声で言い切れないものがあります。まったく個人的なこだわりなのかもしれません。それこそ、彼らともっといろいろなことを一緒にしたら、自信を持って言えるかもしれませんが。今の私にとっては、雲の上の人たちという位置づけです。雲の上の人たちとのホットラインだけは持っているってところでしょうか」

一方で、こんな声も聞かれた。

「有力者とのコネは大事だと思います。人脈と言えば人脈でしょう。そのときどきでその関係は変わると思います。有力者が自分のために一肌ぬいでくれるのならば、断る道理がありません。もちろん、長い時間をかけて借りを返していくことになるんでしょうけれど」（金融／男性）

彼らの前提にあるのが、有力者に一度一肌ぬいでもらったら、その借りは時期が来たらお返ししなくてはいけないという、長いスパンでの双方向の関係だった。

もちろん、世の中には「助けてもらった」「一肌ぬいでもらった」ことに対して何の引け目も感じない人もいるし、「自分は何もしないがおいしいところ取りは大好き」という人もたくさんいる。こ

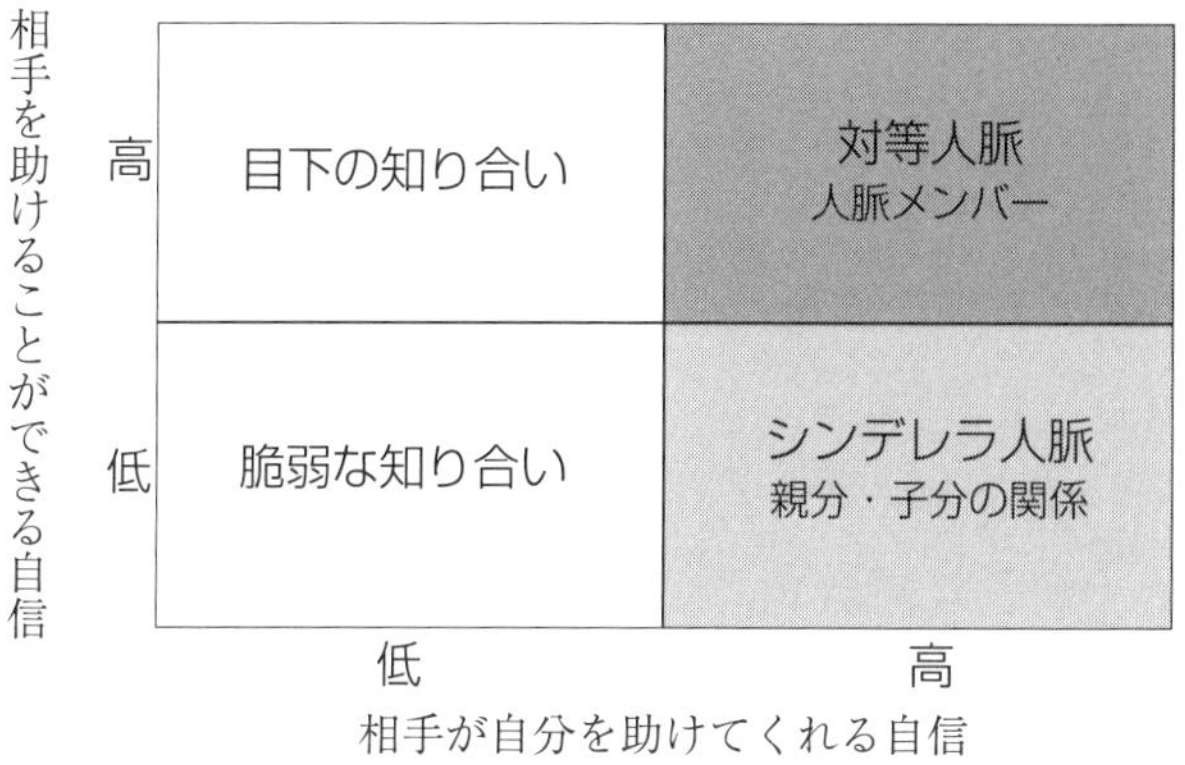

図16　二重の構造

の点は、個人の性向の影響を大きく受ける。多くの場合、長いスパンで関係を見ていくと相手も自分の貸し借りの関係がフラットになるように行動し合うものだが、一方的な関係の相手というものも実際は存在する。だからこそ、人脈作りのハウツー本や人脈構築パーティーがはやるのだろう。しかし、周りから仕事がデキると評価されている人は、人脈作りに没頭したり、パーティーに出向いたりというよりは、日々の業務をこなしていく中で、生活に根の張った人脈を構築しているように見えた。

人脈構造マトリックス

二つの自信から、世間で言う人脈について分類してみよう。縦軸は「自分が相手に対して一肌ぬぐことができるという自信（自己効力感）」、横軸に「相手が自分のために一肌ぬぐことができるという自信」とする（図16）。注意しなくてはいけないのは、この分類はある一時期一時点における状態であるという点だ。時間の経過とともに変化していくことは、当然のことながらありうるのだ。

シンデレラ人脈

右下の象限を見てほしい。相手は自分を助けてくれるだろうという自信はあるが、自分が相手を助ける自信を持たない状態だ。これは親分・子分の関係と呼ぶことにする。上司や自分よりも格段にポジションが上の有力者とのつながりである。一般に多くの人が人脈の持つ寓話性、すなわち誰かを知っていたことがその後の成功の転換点となったというようなシンデレラ・ストーリーに焦点を当てて人脈を語るときの「使える」人脈はこの象限にある人々との関係だろう。

対等な関係

本書で定義した人脈メンバーは右上の象限に入る人である。自分に対しても「相手を助けることができる」という自信を持ち、そして相手に対しても「自分を助けてくれるだろう」という自信を持った状態だ。ここでのキーワードは、お互いに自己開示していること、そして長期的な関係を持とうと考えていることだった。そして、この象限に入る人々をより多く持つことができれば、ビジネスパーソンにとって大きな財産になることは間違いない。

部下および脆弱な関係

左上は相手のことを自分は助けることができるという自信を持っているが、「相手は自分を助けることができるかどうかわからない」という状況である。単なる知り合いもしくは、相手が部下であるということもあるだろう。

そして、お互いに何も相手に対して感じない状態は単なる顔見知りという脆弱な関係であり、左下の象限の状態である。

時の流れと象限の移動

時間の流れの中では、互いの関係が象限を移動していくことも大いにありうる。象限はある一時点を切り取って分類したもので、固定されていない。今は自分の部下だと思っている人物が、将来の人脈メンバーになるかもしれないし、仕事を一緒にしたことで今まで知らなかった相手の一面を知って心理的な距離が近くなるかもしれない。自分が自己開示したことによって相手も多くの情報を共有しようとし、相手をより信頼するようになるかもしれない。

大事なことは、多くの人を人脈メンバーの象限に確実に集めていくことであり、そのためにはできるだけ多くの人と知り合い、何らかの時間をともに過ごし、相手を見極めていくことである。シンデレラ人脈も大事ではあるが、この象限に多くの人を集めることは現実には難しいだろう。実際の話として、相手のほうが年齢が圧倒的に上であることのほうが多いだろうから、この象限の人脈の有効性には賞味期限がある。

それよりも、部下を育て彼らが対等な人脈メンバーとなることを考えるか、多くの人と知り合って何らかの行動をともに行い、単なる知り合いの象限から人脈メンバーへ移動することを考えたほうが、人脈構築の戦略としては現実的だろう。

いずれにせよ、時間の流れの中でさまざまな経験をし、相手を見極めていくというプロセスが重要なのだ。

注
（1）概念図なので、楕円の数と実際の取捨選択活動の数を表すわけではない。また、図中の t_1 t_2 は図4の t_1 t_2 を意味している。
（2）Fisher（1984）を参照。
（3）一般に相手に自分の情報を与えると、相手は高い確率で同様の情報をこちらに戻すという行動がとられやすい。これは心理学の分野で自己開示の返報性（たとえばJournard and Jaffe（1970）, Rubin（1975））と呼ばれる。
（4）Bandura（1977）は効力感の発生要因として、成功体験、代理体験（他人の成功を見て自分もできると思うこと）、言語的説得（「君ならばできる」などと言葉で説得されること）、生理的状態がよいことの四つを挙げている。
（5）Cialdini（1988）（社会行動研究会訳（一九九一）『影響力の武器』誠信書房）を参照。
（6）Gouldner（1960）を参照。
（7）Byrne and Rhamey（1965）, Condon and Crano（1988）を参照。

第7章 悩めるあなたへのアドバイス

「最強の人脈」を作るには？

いよいよ最後のまとめに入ろう。この第7章と第8章では、これまでにわかったことを組み立て直し、ビジネスの「現場で役立つ知識」に変換する作業に取り組む。まず第7章では「役立つ人脈」を築きたいと思っている個人の立場から、続く第8章では人脈豊かなメンバーからなるチームを作りたいと思っているマネジャーの視点から考えてみよう。

「人脈がない」と悩んでいる読者諸氏に本書が繰り返し勧めているのは、人脈の「構造」を理解し消化して、自分なりの人脈構築戦略を作ることだ。人脈の構造は、大きく二つの部分からなる。

一つは舞台装置にかかわるものだ。ある種の環境下にあったほうが人脈を構築しやすいのなら、その条件を知っておくべきだ。そのような環境に自分が置かれた（否応《いやおう》なくそんな環境に放り込まれた）ときに、好機ととらえてポジティブに対応できるようになるだろう。

もう一つは人脈を構築しやすい行動についてである。これらは「ハウツー」とは言いがたいが、読者諸氏が自分なりの人脈構築の戦略を立てるための基本材料となるものだ。

修羅場という名の舞台

修羅場を作る三条件

人脈が築かれやすい環境などというものがあるだろうか。筆者がインタビューした多くのビジネスパーソンや医師たちは、いわゆる「修羅場」をともに経験した相手を人脈メンバーと考えていた。

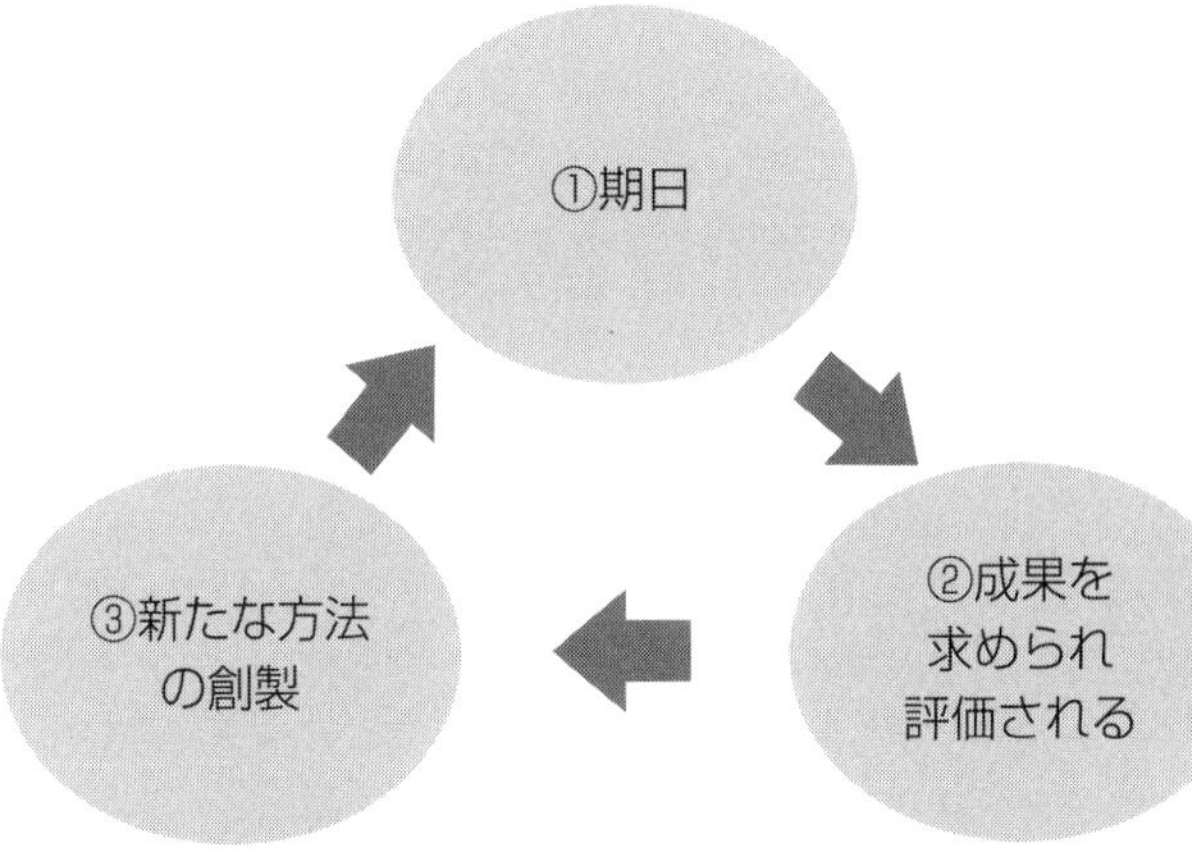

図 17　修羅場を作る三条件

「修羅場」と呼ぶとおどろおどろしいイメージを想い浮かべるが、要はルーティンワークではなく、さまざまな出来事が不規則に生じ、それに対応しなくてはいけない非定常的状態のことである。

修羅場を作る環境条件は三つある。①時間の制限があること、②アウトプットを求められていること、③成果を出す手順や方法は未知数で、自分たちで作らなくてはいけないこと。この三つの条件がそろったとき、人々は緊張を強いられ、試行錯誤を余儀なくされる。修羅場の発生である（図17）。

修羅場の持つ四要素

次に修羅場に対応する人間に視線を移そう。彼らは修羅場の持つ次のような恩恵を受ける。

一つ、人の隠れた性質や気質を見ることができる。

二つ、共通の目的に向かって協力するために、メンバー同士の結びつきが強くなる。締め切りや「共通の敵」(競合する他社や個人など)に対処すべく、お互いに協力する必要に迫られる。これが定常状態よりもコミュニケーションを活発にし、相互の理解を深め、心理的距離を縮める。

三つ、情報・評価のフィードバックが速まる。修羅場では事態が早い速度で、思いもしない方向へ推移する。その中ではおのずと自分のとった対応へのフィードバックを早く求めるし、周囲も早めにフィードバックをすることが多い。すると、自分の行動に対してフィードバックを得る、そしてまた対応する、というフィードバック・サイクルが発生し、それが定常状態よりも格段に早い速度で回る。フィードバックを早く受けるために、対応する側も情報循環の仕組みを工夫しなければならないし、チーム内でふだんよりも多く深くコミュニケーションをとる必要が生じる。

四つ、修羅場を乗り越えることによって達成感を得られる。課題が難しければ難しいほど、その後の果実は心理的に大きくなる。一緒にやり遂げたという快感と満足感が「戦友」たちに共有され、お互いのつながりを強化してくれる。

これらの四つの要素は、人脈構築の見極めに大きな影響を与える。修羅場を一緒に過ごす期間そのものが、相手に対する見極め期間となっている。修羅場を乗り越えるためには情報の共有が不可欠になるので、否が応でも自己開示を求められる。定常状態よりもコミュニケーションが増えることで、相手をさまざまな角度から観察し、深く幅広い情報を集めることができる(図18)。

修羅場はたしかに失敗すれば多くのものを失うかもしれないが、人の成長という観点からは得るものも大きい。そして、一緒に修羅場を経験したことで得る心理的な結びつきは、相手を自分の人脈メ

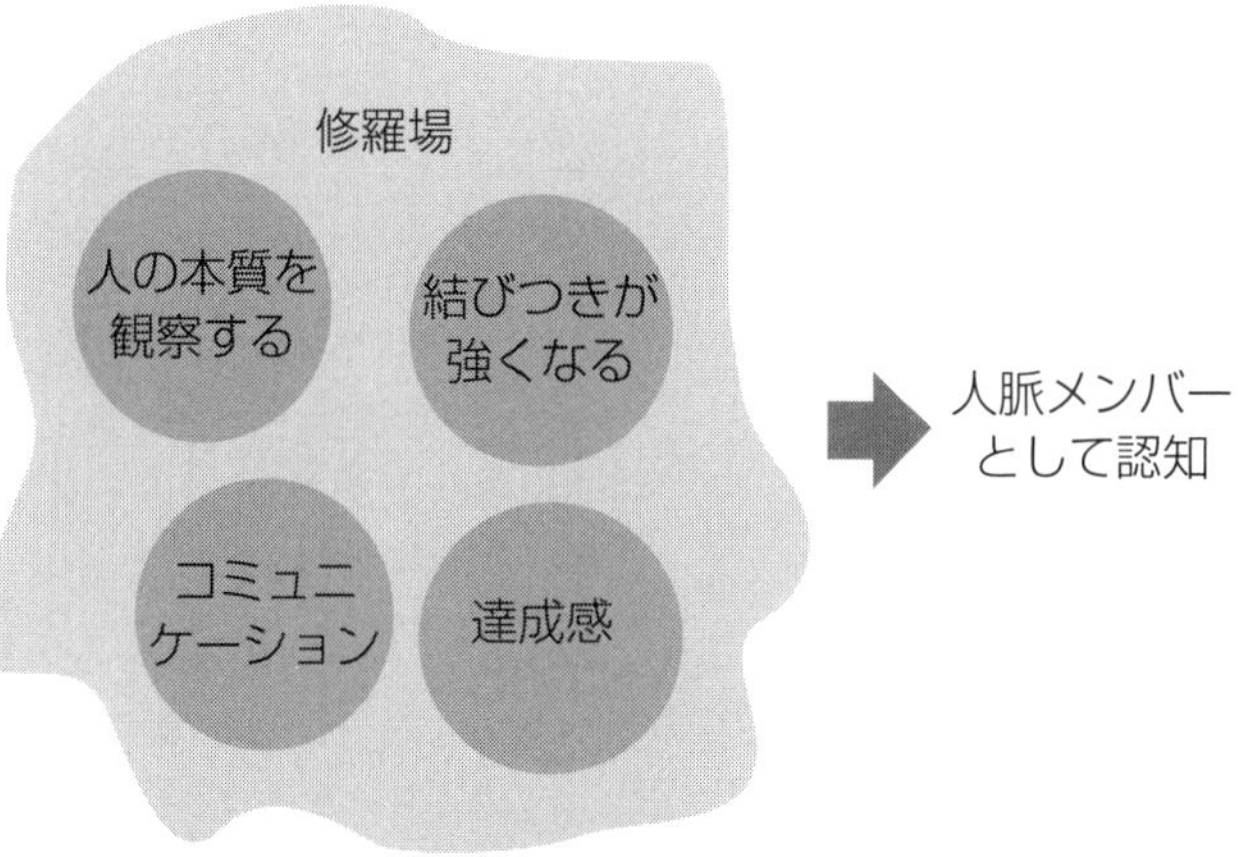

図18　修羅場の四つの要素

ンバーとして見極めるために重要な要素となりうるのだ。

修羅場がもたらす二つの効用

修羅場はなぜ人脈構築に有効なのか。二つの理由がある。

第一に、ふだん手にすることができない貴重な情報収集の場となりうる。繰り返しになるが、修羅場の持つ非定常性ゆえに、ふだん見ることができない人の多様な側面を観察することができる。修羅場は短期間に相手の多くの側面を見ることができるため、情報収集の絶好の機会なのだ。

第二に、修羅場をともに経験すると、相手との心理的距離が近くなる。多くの時間をともにし、相手と通常以上のコミュニケーションをとるために、一種の運命共同体のような心持ちになりやすい。そしてそのあとには共通の達成感が待っている。たとえそれが失敗に終わったとしても一緒に密度の濃い時間を過ごしたという経験は残る。これは、当事者たちのその後の生き方や心持ちに大きな影響を与えることが多い。そして、そのときの心理的な結びつきは、相手との連帯感となって長く続く。一緒に苦しいことを乗り越えたこのような達成感は、日常では味わいにくいものだ。

修羅場は凝縮された時間である。短期間で相手を見極め、人脈を作り上げることができる。読者諸氏には、修羅場に直面したとき、一歩引いて周りを観察する心の余裕を持ってほしい。自分を取り囲むメンバーのふだんとはまったく違う側面を見ることができるかもしれない。つまり、ふだん手に入れることができないような情報の宝庫なのだ。もしも読者諸氏が多くの人と出会う職場で、常に締め切りに追われストレスを溜めながら働いているとすれば、愚痴も出るだろうし、「やってられないよ！」と思うことも多いに違いない。しかし、その場こそがあなたの職業人人生を豊かにする絶好の機会なのだ。

見極め力を養う

しかし、ただ修羅場を経験すればよいというわけではない。人脈メンバーを得るためには、相手を観察し見極めることが求められる。

見極め方の四要素

人脈メンバーを見極めるプロセスで重視されたことは、

① 自己開示。
② 双方向の自信――自分が相手を助けられるという自信と相手が自分を助けてくれるという自信。
③ 対等な関係を築くこと。

の三つだった。
そして、ここではもう一つ、

④ 自分の思考性向について客観的に理解すること。

という一項目を付け加えよう。図19は第2章で示した人脈メンバーの評価検討・予測プロセスをモデル化したものだ。評価検討にせよ、予測にせよ、人間の思考性向が大きな影響を与える。人間には必ず個体差があるが、思考性向もその一つだ。他人の自分への評価について楽観的な見方をする人（はっきり言えば、おめでたい人）かつ自己評価が高い人は、「相手は自分と仲よくしたがっているに違

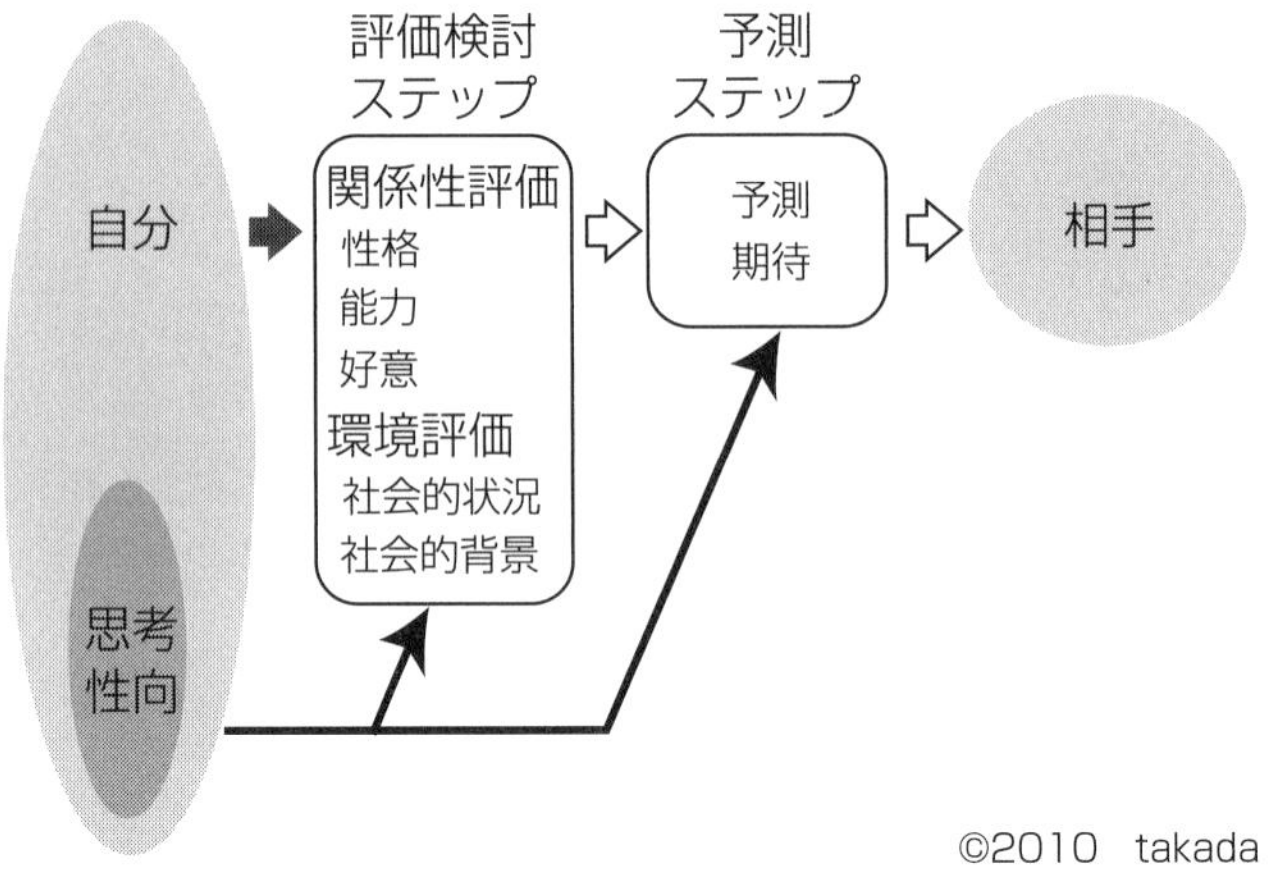

図19　人脈メンバー評価検討・予測プロセスのモデル化

いない」という前提からすべてが始まるので、多くの人を人脈メンバーだと思いやすい。自己評価がむやみに高い人は、自分は相手のことを助けられるが、相手が自分のために一肌ぬぐことなどできないだろう、と考えるかもしれない。

一方、悲観的で自己評価が低い人は「自分とつきあう人なんて、いやしない」という前提から他人を見るので、人脈メンバーと思える人が極端に少ないだろう。

これは、人間がある思考のフレームを持って考えるという性質を持つ以上、仕方がない。重要なことは、相手を評価するのと同じくらい、自分の思考性向についても客観的に理解しておくことなのだ。

自分の思考性向を知る

思考性向を知ることは、自分の体質を知るのと同じことだ。もしも自分のコレステロール値が高いと知っていれば、高カロリーの食事は（できるだけ）避けるだろう。疲れているときに貝類を食べると食あたりしやすいとわかっていれば、料理に貝が出てきてもていねいによけて食べるだろう。

これと同じで、自分が悲観的になりやすい、一度思い込むと他人の意見が耳に入らず、心理的に追い詰められてしまうとわかっているなら、意識的に休みをとり、一息ついて考えよう。相手の言うことを頭から信じてしまって、いつも痛い経験をしているのなら、うまい話にも「待て待て。飛びつくなよ」と自分に言い聞かせる〝間〟を持つべきだ。「坊主憎けりゃ袈裟《けさ》まで憎い」式に、相手の一部が嫌《いや》になるとすべて嫌になる習性がある人は、カッとなったときこそ深呼吸をしよう。相手を冷静に観察するモードに意識して切りかえることが大事である。ミーティングのときなど、ビジネスパーソンならこうした経験を何度もしているはずだ。

つまり、自分の思考性向を客観的に知っておけば、見極めプロセスでも、自分の思考性向によるブレを少なくすることができる。重要なことは、自分がどのように考えがちなのかを知り、あらかじめその対応策を考えておくことだ。

対策を練る

インタビューで聞いた言葉に、印象的なものがある。金融機関の支店長の言葉だ。

「僕はわりと一直線に進んでしまうほうなので、いろいろ自分で反省するところがありまして、最近は一息つくようにしています。歳のせいかもしれないけれど。ビジネスで勢いが大事なことはよくわかります。でも年をとってくると、勢いだけではいけないと反省しました。

一つわかっているのは、自分はどうしても融資の視点で相手を見てしまうということです。この人、本当に大丈夫かなとか、真面目なのかなとか。相手から何を聞いても、必ず裏を取ろうとしてしまいますしね。これではいけないと思いはじめました。痛い思いもしましたし。昔、自分としては可愛がっていたつもりの部下が突然退職すると言い出しまして、そのときに言われたんです。『課長は勝手に決めつける。人の話を素直に聞かない。このまま課長の下でやっていたら、自分は壊れてしまう』と。ショックでした。

最近は人と会っても、まず相手のことをそのまま受け入れるようにしています。もちろん、最初はかなり苦痛なのですが、ともかく自分が（先に）出て相手からイニシアティブをとろうとするのを、意識してセーブするようになりました。今はとりあえず、相手に全部言わせます。それで、いろいろやっているうちに、去る者追わずの姿勢になりました。自然体のやりとりがようやくこの歳でできるようになって、これまでとは違う関係が作れているように思います。人脈と言っていいのかわかりませんけれど、昔の自分だったら絶対つきあわなかったような相手と最近はやりとりをするようになりました。それが苦痛ではないのが不思議です。枯れたんですかね」

彼は自分が一つの方向に走りすぎてしまうことを理解していた。そして、意識的に一息つくようにすることで、相手を多角的に評価するようになったようだ。人間が思考する動物である以上、思考性向の影響を完全に排除することは難しい。ただ、その性向を自分で知り、対応策をとることによって影響を小さくすることはできる。

筆者がインタビューした人の多くは、そのために「ワンクッション置く」と表現していた。ひとまず判断を保留して、休憩をとったり、誰かと相談したり、方法はそれぞれだが、いったん俯瞰《ふかん》して考える時間をとることでは共通していた。

人脈は「お返し」で成り立っている

もう一つ、調査から浮かび上がってきたことに、人脈構築と「返報性」という人間の基本的な性質との密接な関係があった。返報性とは、人から恩恵を受けると負担に感じ、自分も相手に何らかの働きかけをする、平たく言えば「お返し」をするという性質だった。多くの人は、人脈メンバーに対して平等な関係を求めていた。一方が他方に尽くすだけの関係ではなく、双方が高め合えるような関係だ。相手にしてもらったことに「お返し」をする、将来何かの機会に必ず相手のために働こうと決意することで、自分の心の中で平等性を維持しようとするわけだ。

彼／彼女らの「お返し」の時間軸は非常に長い。その意味では、一般に言う「ギブ・アンド・テイク」とは少し違うかもしれない。しばしば短期間での投資と回収という発想が見え隠れする「ギブ・

アンド・テイク」に対して、「お返し」は相手とじっくりと向き合い、長い時間をかけてお互いの貸し借りをバランスさせようという発想に基づいている。

ずいぶん気の長い話だが、だからこそ選ぶ相手の人間性が重要になるのだろう。

ビジネスパーソンへのアドバイス

さて、以上でまとめた「修羅場体験と自己開示」「見極め力と思考性向」「返報性と長期的時間軸」の三つを頭に入れて、ビジネスパーソンにとっての有意義な役に立つ人脈、いわゆる「使える人脈」を構築するための心構えを抽出してみよう。

自分の仕事に自信を持とう

筆者がインタビューした「デキる」ビジネスパーソンたちは、相手から一方的に恩恵を受けるのではなく、自分も相手に何かを与えられるような双方向の関係を重視していた。

逆説的に聞こえるかもしれないが、よき人脈を持つためには、自分の仕事をきちんとこなし、確固たる自信を持つことが不可欠なのだ。「相手に対して語るべきことがなかった若い頃は、他人とつきあうことにも消極的だった」という言葉は、彼らの心情をよく表している。みずからも周囲も納得する仕事をすることで自分の能力に自信が持てたとき、初めて「相手が自分のためにー肌ぬいでくれる」という期待を持つこともできるのだ。

ただし、じつはこの自信というのもくせ者である。自信こそ思考性向の影響を大きく受けるからだ。世の中には、「何でこんな低い程度で、あんなに大きな自信を持てるのだ」と感心するほど、自己評価の高い人も少なくない。したがって正確には、みずからも周囲も納得するような仕事によって正当に裏づけされた自信が必要、ということになるだろう。

判断軸を持とう

多くの相手から、自分の人脈メンバーとなるだろう人を見つけ出すためには、自分なりの取捨選択の判断軸を持つことが必要になる。

多くのビジネスパーソンは仕事に関連する自分なりの判断軸を持っており、それに従って相手の言動を観察し、考察し、一種のデータベースを作り上げ、相手を見極めていた。その判断軸を、筆者は「仕事評価軸」と「人間性評価軸」と名づけた。

人間性評価軸でカギになっていたのは、「自己開示性」だった。相手が自分に対して自己を開示し、情報を共有しようとしているかどうかが、相手を見極めるための着眼点である。

仕事評価軸はバラエティに富んでいたが、「自分が仕事に対して何を一番重視しているか」を反映したものだった。たとえば、情報を細部まで共有することが重要と考える人の判断軸は「情報を抱え込まないこと」であり、最新の医学知識を持って治療にあたることをモットーにしている医師の判断軸は「知識を常にアップデイトしていること」だった。

仕事に対する自分なりの姿勢や考え方を明確に持つことなしに、人脈メンバーを取捨選択する判断軸は構築できない。何が自分にとって大事なのか、そして自分はどうありたいのか。単なる精神論ではなくシステマティックに仕事を観察し、平素から自分なりの姿勢を考えておくことが重要だろう。

自己を開示しよう

多くの相手と会い、ただ情報を収集するだけでは人脈メンバーになることはない。自己開示には返報性があると言われる。自分の持っている情報を相手に与え、共有しようとすることによって、相手からも自己開示を得られる。この繰り返しによって、相手との間に一種の「情報の循環系」を築くことが人脈構築のカギとなる。

自分の思考性向を知ろう

自分の思考性向を知ることは、状況を正確に判断し、相手を見極めるうえで不可欠な要素だ。自分の思考の「クセ」を知っているのと知らないのとでは、意思決定の質に差が生じやすい。自分がある方向に走りやすいと知っていれば、一息つくための工夫をしたり、意思決定を遅らせたり、何らかの防御策を立てることができる。

多くの人と接しよう

当たり前のことだが、多くの人と接することが大切である。限られた人とのみ接触するような環境で人脈メンバーを見つけるのは至難の業だ。なるべく多くの異質な人々と交わる環境が望ましい。同じ会社の同じ部署というような、内向きに作られたネットワークは、同質性が高くメンバー同士の結びつきは強くなりがちだが、それ以上の学びは少ないことのほうが多い。

ここでもう一度、人脈構築のステップを思い出してほしい。最初のステージでは多くの人と接しながら、自分の仕事に役立つだろうと「あたりをつけた」人とより多く接触していた。そののちに取捨選択のプロセスを経て人脈が形成される。つまり、出会う人の数を多くしないと、さまざまな出来事を通過したのちに人脈メンバーとして残る人も少なくなってしまうことになる。

プロジェクトへの参加なり研修なり、何らかの成果を求められるような活動に積極的に参加することが、使える人脈構築の第一歩である。自分から他人と多くの接点を持ち、他人と会う環境を作ることなしに、人脈メンバーが生まれることはない。

読者諸氏が社内での人脈作りに「煮詰まっている」と感じるなら、社外に目を向けて新しい接触を求めるべきだ。それは夜間のビジネススクールに通うことかもしれないし、スポーツクラブに入ることかもしれない。朝の勉強会に出ることかもしれないし、海外ツアーに出かけることかもしれない。ひょっとしたら面倒くさがっていた同窓会に出席することかもしれない。何か新しいメンバーと出会い、そのあとに何らかの協働作業の機会を得たとしたら、人脈メンバーを作るための絶好の機会を得たと言ってよい。

時間軸を長くとろう

興味深いことに、筆者の調査では人脈に対してギブ・アンド・テイク中心の考え方に一歩距離を置く人がほとんどだった。人脈メンバーは、つきあいの濃淡はあるにせよ、長期的にコミットメントする相手だととらえていた。彼／彼女らは「すぐに使える人脈の作り方！」「仕事に活かす人脈力」などといった書店でよく見かける売り文句には興味がなさそうだった。

ギブ・アンド・テイクを自分の重要な判断軸とする人はたしかにいる。人脈作りのハウツー書では、しばしば「相手から選ばれるために、相手があなたとつきあって得になると思わせるように、相手と接しましょう」といった趣旨のことが書かれている。これらの本の最も言いたいことは基本的に同じだ。「人脈とは所詮、ギブ・アンド・テイクの関係である。お互いに旨《うま》みがないと関係は長く続かない」。相手に利益を与えなければ、自分が得るものもないという世知辛《せちがら》い関係を「人脈」と呼んでいる。相手から選ばれるということ、そして自分もつきあっていて得になる相手を選ぶことが基本的な方針である。平たく言えば、常に自分に対してメリットのある人、そのときに必要な人を渡り歩くことで人脈メンバーとするわけだ。理屈から言えば、本人が高い地位に就いていたり、技能があったりすれば十分可能な戦略なのだろう。

筆者は、この考え方を否定するわけではない。相手から選ばれるために自分を磨《みが》いて、常にギブ、つまり、何か旨みを与えられるようにするというのは素晴らしいことだ。しかし、常に自分を磨いて何かを与え、その対価として何かを得るというサイクルを確立することが本当にできるだろうか。相手から得るものがなくなったらその人とのつきあいも細くなるというのでは、いわば焼き畑農業のように常に相手を探して彷徨《さまよ》わなくてはいけなくなる。これはビジネスパーソンとして、はたして合理的な行動なのだろうか。

これらの「人脈本」が意図している即効薬的な考え方とは離れたところに、筆者が取材した彼／彼女らの人脈に対する考え方の本質があった。相手が一肌ぬいでくれたお返しは必ず長いつきあいの中できちんと返すと自分では思っている。そのためにも相手と長期的な関係を築こうという考え方だ。

彼／彼女らは、ギブ・アンド・テイクという判断軸もたしかに持っているものの、その時間軸のとり方が長期にわたるのである。多くの人脈本が描くように「現在」を中心に相手との関係を考えると、相手に与えるものがなくなれば関係も消えるし、相手から得るものがなければ相手から離れていくことになる。しかし、相手との関係を長い時間軸でとらえると、長期的に見て貸借がバランスすればよいという心持ちでゆったりと人脈メンバーを考えるようになるのだ。

第8章 マネジャーへのアドバイス

つながりやすい組織とは?

マネジャーの皆さんへ

三人寄れば文殊《もんじゅ》の知恵。企業にとって、社員が内外の人脈メンバーとやりとりをし、新たな知恵が次々と生まれるような状態を作り出すことは、組織戦略の観点からも非常に重要な課題だろう。ビジネス環境は常に変化しているため、多くの人々の知恵を借り、迅速にコラボレーションができる状態ほどありがたいことはない。すべての事態に自社の人材だけで対応することは、不可能であり不合理でもある。あらゆる分野の専門性を網羅《もうら》した社員のポートフォリオなど作れるわけがない。それよりも、社外に知恵袋を持つことや、キーパーソンとアクセスできる人を知っていることのほうがはるかに効率的だ。

そのためにも、社内人脈・社外人脈ともに豊富な社員を多く抱えることが大切になる。社外に向いた人脈ももちろん重要だが、社内の知恵を結集するために社員同士が互いの強みや弱みを知っていて、互いに助け合うような関係を築くことも忘れてはいけない。

人脈の豊富な人材を採用できるか?

社外に向いた豊かな人脈を構築したいなら、人脈のある（だろう）人材を積極的に入社させればよい、ということになる。しかし、これまで見てきたとおり、本当にその人に人脈があるかどうかは、多くの場合、その場になってみないとわからない。「自分は人脈が豊富だ」と言う人を採ったとしても、他人が「あの人はすごく人脈がある人だ」と言っていたとしても、その正否は何らかの事態が発生したときにしかわからない。

もしも企業に資力があるなら、人脈が多いであろう政財界の名家の子女（身も蓋《ふた》もなく言えば、親の七光りがある人）を大量採用すれば、企業は本人の家族が持っている人脈をも使える可能性が高くなる。その中で有能な者がいれば、なお結構。しかし、これは文字どおりコストがかかるわりに、日の目を見る確率が低い（もちろん、この種の（縁故）採用はいくらでもあるし、そうした子女がすばらしく有能なことも多々ある。念のため）。

ビジネスの現場でよく見かける光景、たとえば新しいプロジェクトを立ち上げるためにその分野に「顔が広い」人物を中途採用して任にあたらせることは、企業にとってのメリットが大きい。「この業界における人脈が今後のわが社のビジネス構築のために必要だ」という、人脈に対する絵図がきちんとできているからだ。必要なスペックがはっきりしている分、そこへのアクセスが可能な人という仕分けが明確にできる。この場合は採用の時点で「顔の広い」人物の実情と実績を精査し、打率の高低を確認することがそれなりに可能であり、チェックもしやすい。

しかし、単に「人脈のある人を採用したい」と考えた場合、この種のスペックがはっきりしていることはまずなく、何に焦点を当てればよいのかがわからない。その人がそもそも持っている人脈をアテにして採用することは、欲しい人材のスペックが明確である場合以外は実際は難しいのだ。

こう考えてみると、社員の人脈が豊富になるように何らかの場を与え、育成し、その中の何人かが将来何らかのかたちで企業に貢献してくれればよいという気の長いスパンで考えたほうが、企業が社員の持つ人脈の恩恵を受ける可能性も高くなるというものだ。人材育成の一環として、社員の人脈を豊富にすることを考えるのである。

社員の人脈を豊かにするために

では、人脈の豊富な社員を育成するために、マネジャーや人事担当者、そして経営者はどのようなことを考えればよいのだろうか。

接点を作る

人脈メンバーの属性として最も多かったのは、一緒に仕事をしたという経験だった。多様な人々と協働作業をするという経験が人脈構築に役立つことがわかる。もしも、社員に人脈メンバーを作る契機を与えたいと思うなら、多くの人と話す機会を意図的に作ることだ。これは社内外を問わない。社内であれば、部署横断のプロジェクトに多くの社員を意図的に巻き込むことでもよいし、企業内のリクリエーションやクラブ活動でもよい。

たとえば、地下鉄サリン事件に対応した聖路加国際病院では、当時なじみの薄かった化学物質（サリン）による中毒症に対して、短い時間で有効な治療情報が伝達され、病院一丸となって迅速に患者の治療にあたった。この背景には、いわば情報の「ハブ（結節点）」的な働きをした数人の医師・職員らがいたことが、筆者の調査でわかっている[1]。彼／彼女らはふだんから多くの部署の多くの職員を知っていて、刻一刻変化する情報を院内にくまなく迅速に流し、適確な治療がなされるために積極的に活動した。一般に、医師を含む病院の職員は専門職という特性上、他診療科、院内の他部署との横のつながりが薄い。しかし、中心となった医師・職員たちの院内人脈が、サリン事件という緊急事態に有機的に作用した。彼らは病院主催のイースターの集まりやクリスマス・パーティーなど、業務外の行事に積極的に参加して、多くの人々と顔見知りだった。彼らへのインタビューでも、多くの人が「仕事をやりやすくするために、自分から積極的に院内の行事に参加して、人と話す機会を作っている」と語っていた。

人脈メンバーの構築プロセスを思い出してほしい。最初に多くの人と出会い、何人か自分の人脈メンバーとなる可能性のありそうな人に「あたり」をつけ、その後に時間をかけて見極めていた。多くの人と会えば会うほど、この「あたり」をつける人数が増える可能性も高まる。長い目で見れば、人脈メンバーを得る可能性が高くなるのだ。

社内の多くの人が自然と接点を持てるような仕掛けをマネジャーや人事担当者、経営者らが作ることが、特に社内人脈を上手に育《はぐく》むために必要だろう。独身寮などの復活も一つの手だ。バブル崩壊以降、独身寮や社内体育祭などはコストのかかる無用の長物とされてきたが、昨今これらが見直されてきているのも、仕事とは関係ない社員同士のつきあいを自然に生み出す場として、あらためて注目されているからだろう。

もしも、オフィスをデザインし直すことができるなら、個室のブース（日本企業にそんなものがあれば、だが）よりは、一日に何度かはお互いに顔を合わせて話ができるような環境のほうが望ましい。また、社員が自然と顔を合わせるような場所を作り、互いに顔見知りになれるほうが、まったく誰とも会わないプライバシーが重視された部屋よりは、人脈発生の確率という視点で考えれば好ましい。

数社共催の人材教育

次に、筆者が社外の人脈メンバー構築に有効だろうと考えているアイデアを紹介しよう。仕事で社外の人と接触を持つ頻度は、業務内容によって異なるだろう。内勤の事務職のほうが、外勤の営業職よりも社外の人々と接触する機会が少ないのは間違いない。

仕事のローテーションで社員をさまざまな職種に就かせることも一案だ。日本企業が伝統的に得意としてきた広範囲の人事異動によって多様な職種・分野を経験させることも、長期的な視点に立って社員の人脈の幅を広げるという意味では有効な方法となる。実際、広範囲の人事異動を行うことによって、社内の広範囲にわたって仕事や人にかかわる情報を得ることができる。そして、新しいプロジェクトを始める際に、社内から最適なメンバーを人選できることが日本企業の強みの一つでもあった。

より大きな仕掛けとして、数社で共催の人材教育を行うこともお勧めしたい。同業他社でも同じグループ会社でもよいので、中間管理職研修などを数社共同で行うのである。人脈メンバーを得る確率が高いのは、一緒に修羅場をくぐる経験をすることだった。各社混合のチームを作り、締め切りをもうけ、共同で何らかのアウトプットを出さなくてはいけない状態を研修で人為的に作り出すのだ。このときのチームメンバーや、その周囲の人々がやがて人脈メンバーとなることが十分に期待できる。他社のメンバーと協働することで、人脈の幅も広がるだろう。

某企業グループでは、系列企業の選抜中間管理職研修を数社共同で行い、企業グループの将来についての提言を各グループで競わせて評価するということを数年来実施し、好結果を得ているという。各社を代表して初対面の者同士でチームを組み、決められた期間でアウトプットの評価を競うわけで、通常の業務プラスアルファのハードワークが課せられ、参加した人に聞くと、肉体的にも精神的にもかなり追い詰められるという。しかし、そこで知り合ったメンバーは何物にも代え難いと多くの人が胸を張る。

共同開催が難しければ、社員を外の教育機関に定期的に出してもよい。そこで生まれ培《つちか》われた人脈は、長期的には何らかの資産になる。重要な点は、社員が他人とともに修羅場をくぐるような機会をマネジメント側が定期的に提供することだ。それが異業種の人間であれば、なおさらよい。それによって、社員が社外の人脈メンバーを獲得する確率が高くなる。異なるコミュニティに属する不特定多数の人間と接点を持ち、交流を続けることが、人脈形成に必要な要素であることは間違いないだろう。

期間限定の修羅場作り

じつは研修も含めて修羅場は人為的に作り出すことができる。どのようなものでも期間が決まっている修羅場は人を育てる（先の見えない修羅場はメンタルヘルス上よくないが）。また、多くの人と協働する機会を作ることは、人材育成の面からも意義がある。

筆者が管理職者を対象に行ったインタビューで「自分が一番成長したと思う時期はどんなときでしたか？」という質問をしたことがある。最も多かった回答は「自分の実力よりも少し上の仕事を与えられて、死にものぐるいで仕事をしたとき」だった。人は、修羅場を与えられ乗り越えたときが一番成長するのだ。

迅速なフィードバック

人脈を築くために重要なことは、自分の仕事に対して自信を持つことだった。人脈は、「仕事上で自分は相手を助けることができる」という自信（自己効力感）と、「相手も自分を助けてくれる」という他者への自信という二重の自信の上に構築される。

この自己効力感は、実際に自分が何かを達成したことからなる成功体験と、他人の成功を間近で見て自分でもできるつもりになる代理体験を得ることによって、強化される。

では、何をもって成功体験とするのか。もちろん、「自分のとった行動が結果として成功した」事実を知ったときだ。成功体験を多く生み出そうとするなら、結果のフィードバック・サイクルを早く循環させることが重要だ。ビジネスの現場では、何らかの行動から結果が出るまでに長い時間がかかることも少なくないが、最終的な結果が出るまでにも、小さく部分的な結果の積み重なりがあるはずで、その断片的な結果についてのフィードバックを早く受けることができれば、小さな成功体験を積み重ねることも可能になる。

フィードバックを早くするように組織として心がけよう。特に管理職者は、このシンプルな規則を徹底しよう。このために、管理職者の人事評価の一項目に「部下への迅速なフィードバック」を入れるというのも一案だ。

部下が受け取ったフィードバックがネガティブなものだったら、すぐに新たな手を打つだろうし、ポジティブなものだったら自信につながる。上司の迅速なフィードバックによって情報の循環系が発生し高速で回り始めると、仕事の成果にも、それにかかわる個人にもプラスの効果をもたらす（図20）。ある商社の中堅社員は「自分の仕事に自信が持てるようになったときに、初めて自分から積極的に人と交流するようになった」と語っていた。

フィードバックの早さが人脈の構築に対して直接的に影響を及ぼすわけではないが、社内のコミュニケーションが活性化し多くの交流が生まれ、人脈の構築によい影響を及ぼすだろう。

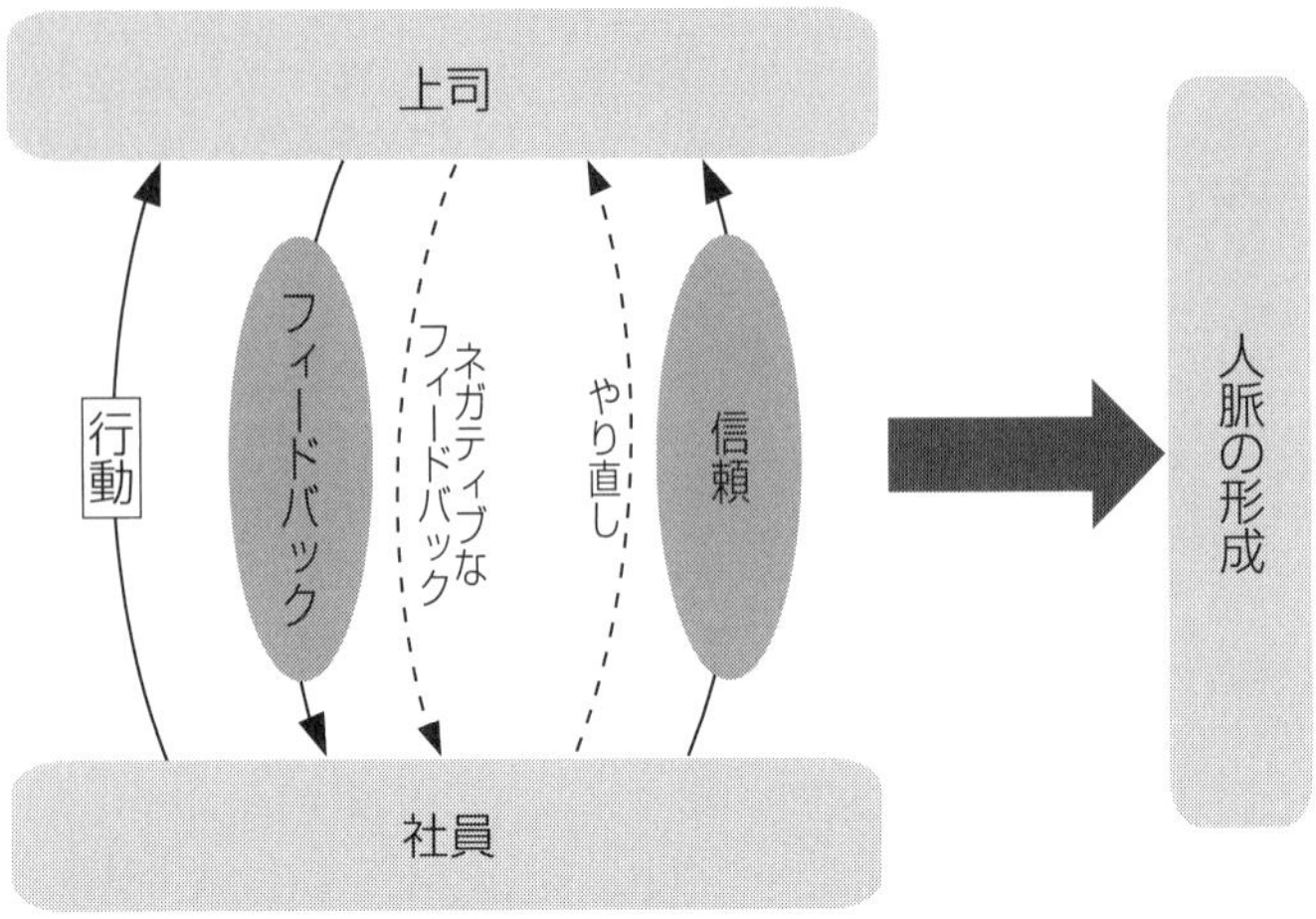

図20　フィードバック・サイクル

業績評価をゆるやかに

仕事柄、企業の人事担当者や社長と話す機会も多いが、ときどき「ウチの社員は内弁慶《うちべんけい》で」という言葉を聞く。「（多くの場合、若い社員が）同じ業界人とは交流するのだが、異業種の交流がない。異業種交流会などに行って、人脈を広げるとよいと思うのだが、そのようなことはしない。もったいない！」のだそうだ。そこで、「御社《おんしゃ》はどのような働き方をするのですか？」と聞くと、「皆よく働いてくれて、遅くまで残っている」と胸を張って答える。昨今の不景気で新人採用はあまりしていないが、「幸運なことに引き続き注文をいただくので」仕事量は変わらず、少ない人数で頑張ってこなしている。会社の効率化のために組織をフラット化し、業績評価もキッチリされているという。……しかし、これが問題だ。率直に言って、目の前の仕事をこなさないと給与や昇進に響く状態では、外部と交流しろと言っても無理な話である。

このような働き方は近視眼的になりやすい。自分の働き方がストレートに評価されるので、目の前の仕事をこなす以外に注意が回らなくなり、自社の動向や社内コミュニティの中での自分の評価が関心の中心になりやすい。

社員を地域へ送り込む

社外の人脈メンバーを持たせたいなら、外部との接点はもちろんだが、意識して業務以外のことに関心を持たせなければならない。医師の場合、医局や出身大学を中心とした同業者の集団でキャリア形成の重要な部分がほぼ決定されるために、医師同士の結束が強い非常に内向きのネットワークが形成されていた。その中で、異業種にまたがる人脈を築くには、意識して外部と接点を作る必要があった。

内向きのネットワークは同質の人間と共通言語で話せるため、それを構成する者にとっては心地がよい。しかし、その心地よさゆえに斬新なアイデアが枯渇しがちになる。マネジメント側としては、他業種から刺激を受け、新しい企画や発想が出てくるように、意識的に社員を他業種の人間と接触させる仕掛けを作ることが必要だ。企業が積極的に、自己投資や、異業種が集まるパーティーや地域コミュニティの集まりに参加することを奨励するのもよいだろう。

たとえば、福岡を拠点とする明太子《めんたいこ》の老舗「ふくや」では、「社員はよき市民であること」というモットーのもと、社員が地域コミュニティの行事に参加することを積極的に支援しており、行事に参加するための時短勤務が認められている。(2) 社員が会社を飛び出し、一市民として多くの人と接触し活動をともにすることで、ふくやの認知度を高め、地域に貢献できると同時に消費にもつながるという考えが、長いスパンで見ると地域への思いを多くの人と共有することで、地場産業として社員が働きやすい会社、長く勤められる会社にしたいという経営トップの強い信念があった。

一般的な労働量をはるかに超えた仕事を長期間にわたって社員に課す働き方が当たり前になっている職場で、「社員が内弁慶」と嘆くのは、残念ながら現状認識ができていないとしか言いようがない。人脈が構築される重要な要素の一つに、「自分も相手のために何かできる」という自信を持つことがあった。精神的に追い詰められている人が自信や余裕を持つことは難しい。他人のために何かするというよりも、自分の目の前の課題をこなすことで精一杯になる。マネジメント側が社員の働き方を見直すことも、人脈構築の重要な要素なのだ。

情報を循環させる

人脈は信頼を基盤とする関係だ。自分の持っている情報をできるかぎりオープンにし、自分の考えや意見を積極的に伝えようとすることが、お互いの信頼を生み出す。

企業組織の観点から考えると、社員が一人で情報を抱え込みにくいような仕組みが大切になる。すべてを共有する必要はないにせよ、必要なときに必要な助けが得られるように、そして、手遅れにな

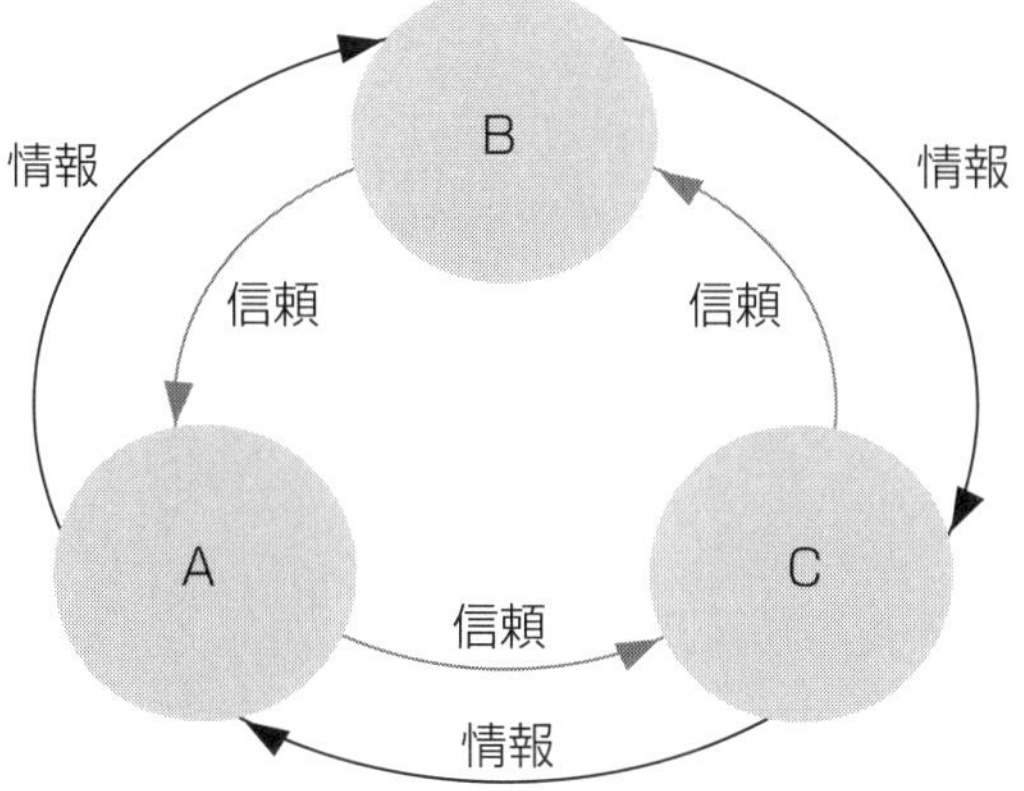

図21　情報の循環

る前に社員同士が助け合えるように、組織の情報管理・伝達の仕組みをデザインし直せないだろうか（図21）。

「情報は人につく」。奇妙な言い方だが、どのような情報であったとしてもそれを持っている人が話そうという意志を持たないかぎり、決して流れていかない。重要な情報であるほど、この傾向が強くなる。最新鋭のイントラネットがあったとしても、そこに人が情報を載せようとしなければ、ただの電気の箱にすぎない。

情報が循環している組織は、人と人とが交流している組織である。社員同士が活発にコミュニケーションを取り合い、働きかけ合う中で情報は循環し、その結果として社内に人脈が編み目のように張り巡らされていくのだ。

フィードバックの時間ルール（たとえば、結果が判明したらすぐに相手に伝えなくてはいけないといった社内ルール）の構築や社員への徹底を、特に企業トップがみずから先頭に立って推進しよう。最初は社員も戸惑い、混乱もあろうが、時間が経つにつれて、早くフィードバックをすることが当たり前になっていく。

情報を公開して皆で考えるという組織文化を意識的に作り上げていくことが、つながりやすい組織を作るための重要な仕掛けだ。もちろん、企業文化は一日では決して作れない。長い時間の修練と社員への周知徹底があってこそ、組織文化は形成される。新しいシステムを入れたり、新しい部署を作ったりという目に見える改革はよく行われるが、多くの場合、為政者の自己満足である。組織形態をいじっても人は変わらない。そこで働く人の心に継続的に訴えかけていくことが不可欠なのである。

めまぐるしい技術進歩とともに経営環境は常に変化している。「社員は財産」と言う。その財産が多くの知恵を持っていたら、多くの知恵とつながる術《すべ》を持っていたら、社員の資産価値は莫大なものになるだろう。企業や組織にとって、人脈の豊かな社員を戦略的に数多く抱えることが、先の見えない時代を生き抜くための有効な手段になるだろう。

会社が人脈作りに協力的でないときは

そうは言っても、企業が社員の人脈構築に積極的に力を貸し、環境を整えてくれるところはまだまだ少数派のようだ。特に不景気な昨今、明日の食事の糧《かて》を得ることのほうが、人脈を作ることよりも優先されるのは仕方がないことかもしれない。しかし、そのような環境にいながらも、積極的に人脈を築きたいという人はたくさんいる。

置かれている環境が非常に内向きで、多くの人と会わず限られたメンバーだけで仕事をするような状態の人は意外に多い。内勤が主である仕事をすると、ほとんど引きこもりのようになることさえある。

このような環境にいる人々が最初にしなくてはいけないことは、会社以外の場所に自分から出向いて何かをすることだ。この「何か」は何でもよい。資格取得のための学校に行くのでもよいし、研究会に参加することでもよい。興味があることを趣味として習いに行くのもよい。夜間の大学院に通うのもよいだろう。必要な要素は、新しい環境に継続的に通い、修羅場の三点セット（期限、アウトプットの評価、新しいやり方の創製）を経験することだ。「時間がない」のはわかるが、今時間がないことと、将来に人脈メンバーを得ることは同じ次元の問題ではない。行動を起こさないと何も生まれないことだけは明らかだ。

社外に出かける時間がどうしてもとれないなら、社内でもよい。あまり接点のない人たちと交流を持つように心がけよう。勉強会を立ち上げてもよい。今まで交流のなかった人たちと自分の考えや意見を伝え合えば、そのやりとりの中で相手を見極めることができるだろう。地道で時間はかかるが、人脈メンバーを作る確実な一歩になるだろう。

いずれせよ、自分から他人との接点を持とうとしないかぎり、人脈メンバーどころか、知り合いを得ることすらできない。積極的に自分から接点を持つということが、じつは最も重要なことなのだ。

そして次に、相手を観察してみよう。ただ漠然と観察するのではなく、相手の行動を予測しながら見てみよう。すると、見る視点が増え、得る情報量が格段に変わる。そうして、相手を見極めるのだ。どのような環境であったとしても、考え方次第で人脈を構築していくことは可能なのだ。

注

(1) 高田(二〇〇三)に詳しい。

(2) 筆者らの「ふくや」社長インタビューによる(二〇〇九年八月)。

おわりに

ようやく長い間の宿題がひとまず終わった。二〇〇七年夏に人脈についての調査を開始してからいくつかの夏が過ぎ、日常に忙殺されて焦《あせ》るばかりの日々だった。やっと枕を高くして眠ることができると思ったのだが、じつはそれは幻想で、ますます人脈についての研究にとりつかれてしまった。私にとっては本書が始まりのような気がする。

本書の完成はまずもって慶應義塾大学出版会の木内鉄也氏の努力とサポートによるものである。彼の助けがなかったら本書は世に出なかっただろう。木内氏には最初の単著からお世話をかけっぱなしである。私にとって大事な人脈の一人である。心からの感謝を捧げたい。本書は最初の調査を株式会社リクルート　ワークス研究所の研究助成によっている。「ミドル人材のブレイクスルー」研究チーム、特に大久保幸夫所長にはさまざまな有益なアドバイスをいただき、刺激を受けた。勤務先である法政大学大学院イノベーション・マネジメント研究科の小川孔輔先生、嶋口充輝先生、岡本吉晴先生、藤村博之先生、そして慶應義塾大学大学院経営管理研究科の高木晴夫先生には苦しいときに常に助けていただいた。われながら恵まれた環境だと思う。心よりお礼を申し上げたい。

法政大学ビジネススクールでの教え子であった新井瞳さん、金憘悌さん、豊嶋晴美さんには煩雑な資料整理を手伝ってもらった。研究パートナーである慶應義塾大学商学部の横田絵理先生、高千穂大学商学部の恩蔵三穂先生はすぐにやる気が失せる私のよき伴走者であった。医師の中山幸さん、渡嘉敷みどりさん、知花なおみさんには医療の現場の生の声を聞かせてもらい、女性医師の研究のきっかけを作ってもらった。その他多くの方々にご協力をいただいた。

そして最後に、マイペースの私をいつも助け支えてくれる両親、夫の高田良一と息子の高田圭にもこの場を借りて感謝を捧げたい。何とか書き終えたのも家族の理解と時々の「つっこみ」とサポートのおかげである。

新居の書斎にて

高田朝子

参考文献

[国外文献]

Alexsander, M.（2003）“Boardroom Networks among Australian Directors, 1976 and 1996: The Impact of Investor Capitalism,” *Journal of Sociology*, 39, 231–251.

Bandura, A.（1977）“Self-efficacy: Toward a Unifying Theory of Behavioral Change,” *Psychological Review*, 84, 191–215.

———（1995）*Self-efficacy: The Exercise of Control*, Freeman and Company.

Barabassi, A.（2002）*Linked: How Everything Is Connected to Everything Else and What It Means for Business, Science, and Everyday Life*, Perseus Books Group.

Bowman, M. A., E. Frank and D. I. Allen（2002）*Women in Medicine: Career and Life Management*, 3rd ed., Springer.（片井みゆき訳・桜井晃洋監修（二〇〇六）『女性医師としての生き方――医師としてのキャリアと人生設計を模索して』じほう）

Burt, R.（1992）*Structural Holes: The Social Structure of Competition*, Harvard University Press.（安田雪訳（二〇〇六）『競争の社会的構造――構造的空隙の理論』新曜社）

Byrne, D. and R. Rhamey（1965）“Magnitude of Positive and Negative Reinforcements as a Determinant of Attraction,” *Journal of Personality and Social Psychology*, 2, 884–889.

Campion, M. A., E. M. Papper and G. J. Medsker（1996）“Relations between Work Team Characteristics and Effectiveness: A Replication and Extension,” *Personnel Psychology*, 49, 429–452.

Cialdini, R. B.（1988）*Influence: Science and Practice*, 2nd ed., Longman Higher Education.（社会行動研究会訳（一九九一）『影響力の武器』誠信書房）

Coleman, J. S.（1988）“Social Capital in the Creation of Human Capital,” *American Journal of Sociology Supplement*, 94, 95–120.

Coleman, J., E. Katz and H. Menzel（1957）“The Diffusion of an Innovation among Physician,” *Sociometry*, 20, 253–270.

Condon, J. W. and W. D. Crano（1988）“Inferred Evaluation and the Relation between Attitude Similarity and Interpersonal Attraction,” *Journal of Personality and Social Psychology*, 54, 789–797.

Fisher, D. V.（1984）“A Conceptual Analysis of Self-discourse,” *Journal of the Theory of Social Behavior*, 14, 277–296.

Fleming, L. and M. Marks（2006）“Managing Creativity in the Small World,” *California Management Review*, 48（4）, 6–27.

Gouldner, A. W.（1957）“Cosmopolitans and Locals: Towards an Analysis of Latent Social Roles, 1,” *Administration Science Quarterly*, 1（2）, 281–306.

———（1960）“The Norm of Reciprocity: A Preliminary Statement,” *American Sociological Review*, 25, 161–178.

Granovetter, M.（1973）“The Strength of Weak Ties,” *American Journal of Sociology*, 78（6）, 15–32.

Handelsman, J., N. Cantor, M. Carnes, D. Denton, E. Fine, B. Grosz, V. Hinshaw, C. Marrett, S. Rosser, D. Shalala and J. Sheridan（2005）“More Woman in Science,” *Science*, 309, 1190–1191.

Ibarra, H. and M. Hunter（2007）“How Leaders Create and Use Networks,” *Harvard Business Review*, 85（1）, 40–47.

Jones, C.（1996）“Careers in Project Networks: The Case of the Film Industry,” in M. B. Arthur and D. M. Rousseau, eds., *The Boundaryless Career: A New Employment Principles for a New Organization Era*, Oxford University Press.

Journard and Jaffe（1970）“Influence of an interviewer’s disclosure on the self-disclosing behavior of interviewees,” *Journal of Counseling Psychology*, 17, 252–257.

Milgram, S.（1967）“The Small-world Problem,” *Psychology Today*, 1, 60–67.（野沢慎司・大岡栄美訳（二〇〇六）「小さな世界問題」野沢慎司編・監訳『リーディングス　ネットワーク論――家族・コミュニティ・社会関係資本』勁草書房、九七―一一七頁）

Newman, M. E. J.（2002）“The Structure and Function of Complex Networks,” *SIAM Review*, 45, 167–253.

Pease, B. and A. Pease（2000）*Why Men Don’t Listen & Women Can’t Read Maps: How We’re Different and What to Do About It*, Welcome Rain.（藤井留美訳（二〇〇〇）『話を聞かない男、地図が読めない女――男脳・女脳が「謎」を解く』主婦の友社）

Rotter, J. B.（1967）"A New Scale for the Measurement of Interpersonal Trust," *Journal of Personality*, 35, 1–7.

———（1970）"Some Implications of a Social Learning Theory for the Practice of Psychotherapy," in D. Levis, ed., *Learning Approaches to Therapeutic Behavior Change*, Aldine Press.

Rubin, Z.（1975）"Disclosing Oneself to a Stranger: Reciprocity and Its Limits," *Journal of Experimental Social Psychology*, 11, 233–260.

Sternberg, R. J.（1986）"A triangular theory of love," *Psychological Review*, 93, 119–135.

Uzzi, B.（1997）"Social Structure and Competition in Interfirm Networks: The Paradox of Embeddedness," *Administrative Science Quarterly*, 42, 35–67.

Uzzi, B. and S. Dunlap（2005）"How to Build Your Network," *Harvard Business Review*, 83（12）, 53–60.

Watts, D. J.（1999）*Small Worlds*, Princeton University Press.

Watts, D. J. and S. H. Strogatz（1998）"Collective Dynamics of Small World Networks," *Nature*, 393, 440–442.

［国内文献］

秋山美紀（二〇〇八）『地域医療におけるコミュニケーションと情報技術』慶應義塾大学出版会

猪飼周平（二〇〇〇）「日本における医師のキャリア——医局制度における日本の医師卒後教育の構造分析」『季刊社会保障研究』三六（二）、二六九—二七八

医療マネジメント学会監修（二〇〇四）『地域医療支援病院と医療連携のあり方』じほう

上田聡子・中村真之・野上裕子（二〇〇六）「女性麻酔科医の現況に関する調査研究：続報——社会的性別意識と育児負担」『日本臨床麻酔学会誌』二六（四）、四一八—四二八

金村政輝・伊藤恒敏・木村秀樹・小笠原博信・溝口二郎・本郷道夫（二〇〇七）「今後の医師集団の人口動態の変化——高齢化と女性医師の増加が変化の主体」『日本医事新報』四三六三、八〇—八四

黒川清（二〇〇七）『大学病院革命』日経ＢＰ社

厚生労働省（二〇〇五）『平成一七年版　厚生労働白書』
――――（二〇〇七ａ）『平成一九年版　厚生労働白書』
――――（二〇〇七ｂ）『平成一八年版　女性労働白書――働く女性の実情』
女性会員スキルアップ・リクルート支援委員会（二〇〇六）「女性医師支援に関する現状調査」『日本放射線科専門医会報』一五六
高田朝子（二〇〇三）『危機対応のエフィカシー・マネジメント』慶應義塾大学出版会
津田喬子（二〇〇五）『女性医師からのメッセージ――医系キャリアアップの道しるべ』真興交易医書出版部
西口敏宏（一九九六）「カオスにおける自己組織化――トヨタ・グループとアイシン精機火災」『組織科学』三二（四）、五八―七
――――（二〇〇七）『遠距離交際と近所づきあい――成功する組織ネットワーク戦略』ＮＴＴ出版
二
日本家庭医療学会（二〇〇三）『がんばれ女性医師・医学生――仕事とパーソナルライフの充実をめざして』プリメド社
長谷川敏彦（二〇〇六）『平成一七年度　厚生労働科学研究費補助金報告書――日本の医師需給の実証的調査研究』厚生労働省
平松闊（一九九〇）『社会ネットワーク』福村出版
藤本昌代（二〇〇五）『専門職の転職構造――組織準拠性と移動』文眞堂
増田直紀（二〇〇七）『私たちはどうつながっているのか――ネットワークの科学を応用する』中央公論新社
真野俊樹（二〇〇二）「大学医局の経済学的考察」『社会保険旬報』二一二一、二六―三〇
宮城征四郎・黒川清（二〇〇三）『日本の医療風土への挑戦』医療文化社
武藤正樹（二〇〇二）「医療連携」長谷川敏彦編『病院経営戦略』一三〇―一四三
安田雪（二〇〇四）『人脈づくりの科学』日本経済新聞社
山岸俊男（一九九八）『信頼の構造――こころと社会の進化ゲーム』東京大学出版会
若林直樹（二〇〇六）『日本企業のネットワークと信頼――企業間関係の新しい経済社会学的分析』有斐閣

著者紹介
高田　朝子（たかだ　あさこ）
法政大学経営大学院（ビジネススクール）
イノベーション・マネジメント研究科教授。
立教大学経済学部卒。モルガン・スタンレー証券会社勤務を経て、Thunderbird国際経営大学院修了（国際経営学修士）、慶應義塾大学大学院経営管理研究科修士課程修了（経営学修士）、同博士課程修了（経営学博士）。高千穂大学経営学部専任講師、同助教授（准教授）、法政大学経営大学院イノベーション・マネジメント研究科准教授を経て2010年より現職。
主要著作：『危機対応のエフィカシー・マネジメント』（慶應義塾大学出版会、2003年）、『高齢者の生活とリタイアメント・コミュニティ』（共著、創成社、2006年）、『組織マネジメント戦略　ビジネススクールテキスト』（高木晴夫編、共著、有斐閣、2005年）、『人事の潮流――人と組織の未来像』（共著、経団連出版、2015年）ほか。

人脈のできる人
人は誰のために「一肌ぬぐ」のか？

2010年 8 月25日　初版第1刷発行
2015年11月10日　初版第2刷発行

著　者――――高田朝子
発行者――――坂上　弘
発行所――――慶應義塾大学出版会株式会社
〒108-8346　東京都港区三田2-19-30
TEL〔編集部〕03-3451-0931
〔営業部〕03-3451-3584〈ご注文〉
〔　〃　〕03-3451-6926
FAX〔営業部〕03-3451-3122
振替 00190-8-155497
http://www.keio-up.co.jp/
装　　丁―――後藤トシノブ
イラスト―――後藤アキヨシ
印刷・製本――株式会社理想社
カバー印刷――株式会社太平印刷社

Printed in Japan ISBN978-4-7664-1762-3